KB248492

국가별 선교전략 연구 시리즈 1

복음은 초원과 사막을 넘어

몽골선교

2018

복음은 초원과 사막을 넘어

몽골선교 2018

이대학
이소리
최원규
한영훈
지음

홍성사

성삼위 하나님의 부르심을 받아 선교사로 살아온 지 벌써 20년
이 훌쩍 지나갔습니다. 선교를 하면서 "어떻게 선교하는 것이 성경적으
로 올바르며 하나님이 원하시는 선교일까?", "어떻게 선교하는 것이 현
지의 정확한 상황과 영혼들의 필요에 적합한 건강한 선교일까?"를 늘 고
민하였습니다.

이 책은 동일한 고민을 가지고 있던 한인세계선교사지원재단과
동서선교연구개발원이 몽골 선교사들과 힘을 모아 만들었습니다.

시시각각 급변하는 세계와 선교지, 매일 쏟아져 나오는 지식과 정
보의 홍수 속에서 성경적이며 건강한 선교, 선교지 현지인들이 중심이
되고 그들의 눈높이에 맞는 선교를 고민하는 분들을 위해 여러 모로 부
족하지만 이 책이 만들어졌습니다.

전 세계 모든 선교지마다 객관적이고 정확하며, 실용적이고 신뢰
할 만한 선교지 지식과 정보를 소개하는 책들이 만들어지기를 소망합
니다. 앞으로 한인세계선교사지원재단과 동서선교연구개발원은 이러한
소중한 사역을 위하여 은사와 관심이 있는 전 세계 선교사님들과 협력
할 것입니다.

국가별 선교전략 연구 시리즈 1《복음은 초원과 사막을 넘어: 몽골
선교 2018》은 지금까지 각 전문 분야에서 15년 이상 몽골선교 사역을

감당한 선교사 4명이 공동 집필하였습니다. 이 책은 앞으로 지속적으로 보완·수정되어야 하기에, 발간과 더불어 온라인 사이트가 함께 오픈되어, 선교사님들의 추가 자료와 의견, 독자들의 진심어린 제안들을 모아 정기적으로 업데이트하게 될 것입니다. 관심 있는 여러분의 적극적인 참여를 기대합니다.

이 책의 준비 단계부터 출판에 이르기까지 함께하고, 도움을 주신 모든 분께 진심으로 감사드립니다. 하나님이 원하시는 선교 사역을 고민하며 늘 동역해 주시는 한인세계선교사지원재단의 김인선 사무총장님, 흔쾌히 출판을 허락해 주신 홍성사의 모든 가족들, 집필에 동참해 주신 선교사님들, 저희 동서선교연구개발원의 모든 식구들, 사랑하는 가족에게 감사의 마음을 전합니다.

끝으로 이 책이 출판될 수 있도록 재정적인 도움을 주신 동역자 여러분께 머리 숙여 감사드립니다.

이 책이 한국 교회가 성경적이며 올바르고 건강한 선교를 하는 데 소중하게 사용되기를 소망하며, 모든 영광을 하나님께만 올려드립니다.

마라나타!

2018년 9월

이 대 학

(선교사, 동서선교연구개발원 한국 대표)

맞춤형 선교전략을 위한 초석

과거 세계선교는 막강한 정치적, 군사적, 경제적, 그리고 교회적 힘을 가진 유럽과 북미 교회들에 의하여 주로 그들의 식민지에서 힘에 의하여 이루어졌다. 그러나 한국 교회는 일본의 식민통치를 받기 시작하던 때, 세계에서 가장 가난한 나라 중 하나였을 때 약함 가운데서 선교 사명을 감당하였다. 한국 교회는 세계 교회 가운데 어리고, 약하고, 가난하며 환란 가운데 있는 나라 교회들도 선교 사명을 감당할 수 있으며 감당해야 된다는 사실을 전 세계에 알게 하였다.

오늘날의 선교는 '모든 곳에서 모든 곳으로'(From Everywhere To Everywhere) 가는 범민족적 선교로 특징지어진다. 선교 사명을 깨닫고 선교운동에 참여하고 있는 비교적 어리고, 약하고, 가난한 비서구 교회들은 좋은 선교 모델들이 필요하다. 힘에 의한 선교를 해온 서양 교회들이 그들에게 좋은 선교 모델이 될 수 없다. 일제 식민통치 기간 동안, 그리고 한국전쟁 이후 약하고, 가난하고, 환란 중에 있을 때 선교 사명을 감당한 한국 교회야말로 그들에게 훌륭한 모델이 될 수 있다.

한국 교회는 1907년 장로회 독노회가 조직되면서 최초의 선교사를 제주도에 파송한 이래 111년의 선교 역사를 가지고 있으며, 2017년 말 현재 세계 170여 국에서 27,436명의 선교사가 사역하고 있다. 그러나 한국 교회의 선교운동은 세계 교회에 독특하고도 중요한 기여를 할 수 있는 자산들이 있음에도 해결하지 않으면 안 될 약점들도 지니고 있다. 주님께서 교회에게 맡기신 선교 사명을 충실히 감당하기 위하여, 그리고 지구촌 교회들의 선교운동에 아름다운 기여를 하기 위하여 발전시켜야 할 부분들이 있는데, 그것들 중 하나가 맞춤형 선교전략이다.

전투에서 '적을 알고 나를 알면 백전불태'라는 말이 있다. 선교 사역을 성공적으로 수행하기 위해 우리는 우리가 가진 자산이 무엇이며 사역 대상 족속들의 형편은 어떠한지 그들에 대한 정확한 정보가 필요하다. 이론과 실무 경험을 갖춘 몽골선교 전문가들인 이대학, 이소리, 최원규, 한영훈 선교사의 수고로 국가별 선교전략 연구 시리즈 제1권이 홍성사에서 출판됨을 기쁘게 생각하는 바다. 이 책은 몽골의 일반적 현황, 몽골선교 현황, 한국인에 의한 몽골선교, 몽골선교의 당면과제와 미래 전망을 담고 있으며, 몽골 복음화를 위한 구체적인 전략을 제시하고 있다.

이 책은 한국 선교사들이 사역하고 있는 각 나라와 족속과 방언들 가운데 이루어져야 할 선교를 연구하고 맞춤형 전략을 개발하는 데 좋은 지침서이다. 나는 이 책이 한국 교회의 선교 연구에 기폭제가 되고 한국 선교 발전에 기여하는 계기가 될 것을 믿는다. 이 책이 모든 민족 교회들의 선교운동의 발전을 위하여 아름다운 기여를 할 수 있으리라 믿어 의심치 않는다. 선교 사명의 성공적 수행에 관심 있는 모든 그리스도인이 반드시 읽기를 권한다.

박 기 호

(풀러신학교선교대학원 아시아선교학 교수,
동서선교연구개발원 국제대표)

몽골선교를 응원하며

한국 교회의 세계 선교는 지난 30년간 외형적으로 폭발적 성장을 하였지만 최근 들어 한국 교회의 침체 현상과 맞물려 선교 역시 위기를 맞고 있다. 그러나 이는 한국 교회의 선교의 문이 닫힌다는 의미가 아니다. 한국 교회 선교에 새로운 과제와 도전을 던져주고 있는 것이다.

그리하여 국가별, 지역별, 민족과 종족별로 기독교 역사, 선교 현황, 선교사들의 사역과 영향력, 미래의 도전과 과제 등 정확한 정보와 리서치를 제공하려는 목적으로 "국가별 선교전략 연구 시리즈"를 출간하게 되었는데, 그 첫 작업이 바로 이 책《복음은 초원과 사막을 넘어: 몽골선교 2018》이다.

이 책에 의하면 한국 교회 선교에서 몽골선교는 여러 가지로 의미가 크다는 것을 알게 된다. 몽골선교는 오랜 기간 많은 선교사의 헌신과 눈물과 기도가 있었으나 사회주의 혁명으로 인하여 선교가 중단되는 어려움을 겪었다. 그러나 1990년 민주화혁명의 성공으로 복음의 문이 열리기 시작하여 지금 현재 몽골 인구의 2.1퍼센트(15세 이상)인 57,848명의 기독교인이 있다.

이러한 과정에서 한국의 선교사들의 역할은 참으로 컸다. 몽골은 한국 선교사에게 이른바 개척 선교지였다. 1989년까지 공식적으로 선교사가 없던 곳이었기 때문에 개방 이후 '남의 터'가 아닌 곳에서 한국 선교사들은 혼신의 힘을 기울였다. 또한 지리적 인접성과 교통 인프라, 언어의 유사성, 민족적 친근함과 양 국가 간 활발한 교류 또한 한국 선교사의 활동에 큰 힘이 되었다.

현재 몽골 한인 선교사는 200-300명 사이인데, 몽골의 교회 개척 분야에서 탁월한 공헌을 하였을 뿐 아니라 많은 의료기관과 학교도 세웠다. 영생의 복음뿐만 아니라 몽골인들의 실질적인 삶의 문제를 해결하기 위하여 적극적으로 뛰어든 것이다.

감동을 받은 것은, 몽골에서 사역하는 한국 선교사들의 연합과 협력이다. 그들은 교파를 초월했을 뿐 아니라 목사나 평신도가 하나가 되어 연합했다.

이 책은 미래의 몽골선교를 위하여 반드시 해결해야 할 과제들을 제시하고 있다. 영성과 인격을 겸비한 현지인 지도자, 교회와 세상에서 영향력 있는 신실한 지도자를 세워야 할 것이고, 몽골 교회가 몽골인들 스스로 자립, 자치, 자전하는 건강한 교회로 세워져야 한다.

아무쪼록 이 책을 통하여 몽골선교를 준비하는 많은 헌신자들과 몽골선교를 후원하는 교회 및 성도들의 선교적 안목이 열리게 되기를 기대한다.

유 기 성
(선한목자교회 담임목사)

차례

서론

　　한국 교회가 예수 그리스도의 생명의 복음을 받아들인 이후 타문화권 해외선교를 시작한 지 이미 100년 이상의 세월이 흘렀다. 한국 교회 역사상 최초로 1913년 중국 산동성에 세 선교사를 파송한 지 105년이 지났으며, 오늘날 한국 교회가 파송한 선교사들이 전 세계의 수많은 국가, 민족, 지역에서 예수 그리스도의 대위임령 성취를 위하여 최선을 다하여 선교 사역을 감당하고 있다.

　　박기호는 "한국 교회의 선교는 1907년 독노회를 조직하고 이기풍 목사를 제주도로 파송하면서 시작하여, 1912년 장로교총회를 조직하면서 순수한 타문화권 사역으로서의 해외선교인 산동성 사역이 시작되었다. 한국의 해외선교는 1913년 박태로, 김영훈, 사병순 목사가 산동성에 도착한 이래, 지금까지 계속되어 왔다"[1]고 말한다.

　　1988년 서울올림픽 이후 지난 30년 동안 한국 교회의 선교는 외형적으로 가히 폭발적으로 성장했다고 해도 과언이 아니다. 1986년 한국인 선교사 수는 511명[2]이었지만 30년이 지난 2015년에는 27,205명[3]으로 30년 사이에 53배 이상 크게 증가하였다. 그러나 한국 교회의 선교사 증가 추세는 2007년을 정점으로 점차 하향곡선을 그리다가 2014년에는 선교사 증가 수가 1천 명 미만으로 떨어지며 급격한 감소 추세를 보여 왔다. 2015년에는 선교사 증가 수가 528명이 되더니, 2016년에는

‘0’이 되었다.[4] 한국 교회의 파송 선교사가 증가하지 않는 현상은 현재 한국 교회의 전반적인 침체 현상과 맞물려 앞으로도 지속될 것이라는 전망이 우세하다.

파송 선교사 수의 감소와 정체는 한국 선교의 새로운 과제와 도전을 제시한다. 과거 한국 선교가 양적인 성장과 외형적인 측면에 집중했다면 이제는 질적인 성장, 내적인 측면에도 관심을 기울이는 가운데 성경적으로 올바르고 건강하며 균형 잡힌 세계선교를 지향해야 하는 새로운 전환점이 도래했다고 본다. 이제 한국 교회는 “선교를 얼마나 많이 하는가?”보다는 “선교를 어떻게 성경적으로 올바르고 건강하게 할 것인가?”에 초점을 맞추어야 할 때가 된 것이다.

한국 교회가 성경적이고 바르고 건강한 선교를 하기 위해서는 무엇이 가장 필요할까? 마민호는 한국 선교의 문제와 과제에 대해 “전략의 부재, 협력의 부재, 조정자의 부재” 세 가지로 요약하고 있다.[5]

한국 교회가 세계선교를 성경적이고 올바르게 감당하기 위해서는 변하는 세계의 상황과 선교 현장의 필요와 환경을 정확하게 인식하고 파악해야 한다.

그 후 국가별·지역별로 효과적이고 세부적인 맞춤형 선교전략을 세우고, 교회와 선교단체와 선교사가 연합하여 선교 사역을 하는 것이 반드시 필요하다. 각 선교지의 변화하는 상황에 적합하고 실현 가능한 선교전략을 세우기 위해서는 선교 현장에 대한 정확하고 객관적이며 총체적인 연구가 반드시 요구된다. 왜냐하면 모든 선교전략은 선교 현장의 정확하고 구체적인 정보, 자료, 상황, 필요에 근거하여 세워져야 하기 때문이다.

2017년 12월말 현재 한국 교회는 170개국에 27,436명의 선교사를 파송(KWMA 2018년 통계)하고 있는데, 각 나라와 지역, 민족과 종족별 맞춤형 선교전략을 세우기 위해서는 국가별, 지역별, 민족과 종족별로 정확한 정보와 리서치가 필요하다. 먼저 나라와 지역별로 국가나 공신력 있는 기관에서 발표한 자료를 근거로 한 지정학적 위치, 정치와 종교, 역사와 문화, 경제적 상황 등 전체적이고 일반적인 자료가 많이 부족한 것이 현실이다. 그리고 그 나라와 지역의 기독교 역사, 선교 현황, 한국 선교사들의 사역과 영향력, 미래의 도전과 과제 등을 정리한 선교 현황 자료가 있어야 한다. 이러한 자료는 외부자와 내부자의 관점에서 취합한 것이어야 하며, 정확성과 신뢰성, 객관성이 요구된다. 그뿐만 아니라 이런 자료는 급변하는 시대상황과 세계정세에 맞추어 적어도 5년에 한 번씩 자료를 추가, 보완하는 작업을 해야 한다.

21세기에 성경적이고 균형 잡힌 실제적인 선교전략을 마련하기 위한 국가별 선교 전략의 첫 번째 작업으로《복음은 초원과 사막을 넘어: 몽골선교 2018》을 준비하였다. 이러한 국가별 선교전략 자료가 지역별, 민족별 또는 종족별, 국가별로 만들어져서 한국 교회의 선교가 선교 현장의 정확한 정보와 필요에 맞춘 올바르고 건강한 선교에 기여하여 하나님의 나라를 확장하는 데 선한 영향력을 미치기를 원한다. 아울러 현장 선교사들 가운데 이러한 선교 리서치에 달란트가 있는 많은 선교사들이 세계 곳곳에서 함께 협력하여 사역하기를 소망한다.

I

———

몽골의 일반적 현황

몽골(Mongolia)에 대해 국가나 공공기관, 기업, 학계, 시민·사회단체, 선교사와 선교 단체 등에서 정리한 많은 자료가 있다. 필자는 20년 이상의 몽골 생활과 사역 경험을 토대로 몽골의 일반적인 현황을 7가지 주제와 키워드로 나누어 고찰하고자 한다.

첫째, 몽골의 지정학적 위치: 중앙아시아고원 내륙국가

둘째, 몽골의 정치와 경제: 전환기를 넘어서 안정적 성장

셋째, 몽골의 문화: 유목, 유목민

넷째, 몽골의 역사: 칭기즈칸의 나라

다섯째, 몽골인의 세계관: 샤머니즘, 티베트 불교, 사회주의

여섯째, 몽골과 한국의 관계: 솔롱고스

일곱째, 세계 평화와 발전에 기여하며 성장하는 나라

1. 몽골의 지정학적 위치: 중앙아시아고원 내륙국가

1) 아시아의 중앙

몽골은 아시아 대륙 중앙의 북위 41~52도, 동경 87~119도 사이에 위치하고 있다. 전체 국경의 길이는 8,252.7킬로미터(육지로 7,351.8킬로미터, 호수나 강으로 901.1킬로미터)이며, 북쪽으로는 러시아와 3,543킬로미터, 남쪽으로는 중국과 4,709.9킬로미터의 국경을 맞대고 있다.[1]

그림 1. 몽골 지도

기원전 3세기 고대 흉노제국 시대부터 몽골인들의 삶의 터전으로서 몽골 땅은 남으로는 중국의 만리장성, 북으로는 시베리아 바이칼 호수 사이에 위치하고 있었다. 중국의 수도 베이징 이북에 위치한 만리장성을 넘으면 푸른 산들과 농사를 지을 수 있는 농경지는 점점 희박해지고 황량한 황무지, 사막지대(Desert area)가 나온다. 그리고 사막지대 북쪽에는 초원지대(Steppe)가 이어지고, 초원이 끝나면 한대수목지역인 '타이가(Taiga)'지대가 이어진다.

몽골은 만리장성 이북~타이가지대 이남의 사막지대와 초원지역에 위치하고 있다. 이 지역의 지명이나 강과 산의 명칭은 대부분 몽골식으로 붙여져 있으며, 지금도 만리장성 이북에는 몽골족들이 살고 있는 중국 내몽골자치구가 몽골의 남쪽 국경을 따라 동서로 길게 뻗어 있고, 중앙에 독립국인 몽골이 자리 잡고 있으며, 북쪽 바이칼 호수 남쪽에는 부랴트몽골족이 사는 러시아 부랴트자치공화국이 각각 위치하고 있다.

3) 내륙 고원국가

몽골은 바다를 끼고 있지 않은 내륙국가이며, 전 국토의 평균높이가 해발 1,580미터에 이르는 고원국가이다. 국토의 가장 높은 곳은 '후이팅' 봉우리로 4,374미터이며, 가장 낮은 곳은 '허흐노르(호수)'로 532미터이다. 수도(首都)인 울란바타르(Ulaanbaatar)는 해발 1,350미터에 위치하고 있다.[2]

몽골은 자연환경이 아주 척박한 내륙 고원지대에 있으므로 비가 적게 내리고 연교차가 심하다. 연간 강우량이 350밀리미터 정도밖에 되지 않으며, 겨울과 여름의 기온차는 연간 80도 이상이나 된다. 수도 울란바타르에 기록된 겨울 최저온도가 영하 46℃이고, 여름 최고온도는 영상 39℃이다.[3]

4) 고비사막, 초원, 알타이산맥

몽골은 국토 면적이 대한민국의 약 16배인 1,564,116제곱킬로미터

이며, 남북 거리가 1,251킬로미터, 동서 거리가 2,392킬로미터로[4] 세계
에서 국토 면적이 19번째로 넓은 나라다.

몽골의 국토는 크게 고비사막, 산악 지역, 초원 지역 등 세 지역으
로 구분할 수 있다. 국토의 남부 지역은 동서로 고비사막이 길게 펼쳐져
있고,[5] 서부 지역은 해발 4천 미터가 넘는 알타이산맥, 항가이산맥 등으
로 이루어진 산악지대이다. 그리고 동북부 지역은 목축에 적합한 광활
한 초원과 강들이 흐르는 초원지대로 이루어져 있다. 이 세 지역은 기
후, 생활방식, 키우는 가축 등에서 다소 차이가 있다.

2. 몽골의 정치와 경제: 전환기를 넘어서 안정적 성장으로

1) 체제 전환

몽골은 1921년 구소련의 도움을 받은 수흐바타르(Sukhbaatar)가 중
국과의 독립전쟁에서 승리하면서 사회주의혁명에 성공하였고, 1924년
11월 26일 몽골인민공화국을 선포함으로써 사회주의체제 국가가 되었
다. 이후 70년 가까이 유지해 온 체제는 유리창 하나 깨지 않고, 피 한
방울 흘리지 않은[6] 평화적인 '무혈(無血) 제제 전환'을 이루었다. 그리하
여 구소련연방(CIS)의 다른 국가들과 마찬가지로 1990년대 초반 공산
·사회주의에서 민주주의·자본주의(시장경제)로 체제 전환을 하였다.

1990년 7월 29일 몽골 역사상 처음으로 민주적 절차에 의한 자유
선거가 실시되었고, 현재 몽골의 국가조직 구조는 1992년 몽골헌법에
따라 정해졌다.[7] 1992년 1월 13일 제정된 몽골헌법 1장 1조에는 "몽골
국은 자주독립을 이룬 완전한 권리의 공화국이다. 민주, 정의, 자유, 평
등, 민족 일치를 충족하며, 법을 존중하는 것은 정치의 기본원리이다"[8]
라고 규정하고 있다.

몽골의 체제 전환은 1990년대 초반에 체제를 전환한 러시아, 동유
럽, 중앙아시아의 다른 어떤 나라보다도 성공적으로 진행되고 있다. 정
치적으로는 제도적·절차적·법치적 민주주의가 평화적이고 안정적으로
진행·정착하고 있으며, 현재 경제적인 면에서 다소 어려움을 겪고 있지

만 민주화 이후 지난 27년 동안 몽골 경제는 지속적으로 성장하여 많은 국민이 체제 전환의 혜택을 누리고 있다.[9]

2) 이원집정부제

현재 몽골의 정치체제는 대통령과 의회를 국민의 직접선거로 선출하여 국가의 권력을 분점(分點)하는 이원집정부제 형태이다. 그러나 의회의 권한이 대통령의 권한보다 강한 것이 특징이다. 몽골헌법 3장 정부조직-몽골국가대의회 20장에는 "몽골국가대의회는 정치권력을 행사하는 최고 기관이며 유일한 법 제정 권한은 몽골국가대의회가 가진다"[10] 라고 규정하고 있다.

몽골의회, 즉 국가대의회는 국가권력의 최고기관이며, 입법 권한이 있으며, 단원제로 구성되어 상시로 활동한다. 그리고 몽골 대통령은 국가수반이며, 몽골 인민의 화합의 보증인이다.[11]

1990년 민주화 이후 4년마다 실시되는 국가대회의(의회) 선거, 대통령 선거가 헌법에 따라 민주적으로 진행되었다. 몽골의 민주화 이후 대통령 선거와 의회 선거의 결과는 아래 표와 같다.[12]

표 1. 몽골 민주화 이후의 대통령, 의회 선거 결과

대통령 선거 당선자	연도	의회 선거 승리당	의석 수
오치르바트 (몽골인민혁명당)	1990	몽골인민혁명당	357/430
	1992/신헌법		70
오치르바트 (민주연합)	1993	몽골민주연맹	50
	1996		
바가반디 (몽골인민혁명당)	1997	몽골인민혁명당	72
	2000		76
	2001	몽골인민혁명당 조국민주연합	36
	2004		
엥흐바야르 (몽골인민혁명당)	2005	몽골인민혁명당	45
	2008		

	2009		*		*
엘벡도르찌 (몽골민주당)	2012	몽골민주당	31	76
		몽골인민당	25	
		정의연대	11	
	2013		*		*
	2016	몽골인민당	65	76
알탕 호익(몽골민주당)	2017		*		*

3) 지하자원과 경제

몽골 경제는 광물자원 수출(총 수출액의 90퍼센트)과 외국인 투자 유입 등에 크게 의존하는 경제구조이다.[13] 몽골 경제는 2000년부터 2013년까지 14년 동안 지하자원 수출에 힘입어 10배 이상 크게 성장하였지만, 2013년 이후 최근 몇 년간 자원 가격 변동과 몽골 정부에 대한 국제적인 신뢰 하락 등으로 어려움을 겪고 있다.

몽골 경제는 1998년 이후 2015년까지 급격한 성장을 이루었으며, 국민소득은 지속적으로 증가하고 있다. 1998년 이후 2015년까지 18년간 몽골 1인당 국민소득의 변화를 비교하여 살펴보면 표 2와 같다.[14]

표 2. 1998년 이후 몽골 1인당 국민소득 변화

연도	1998	2004	2008	2012	2015
1인당 GDP(달러)	360	668	1,847	3,342	4,117

4) 인구와 행정구역

2016년말 몽골 인구는 3,119,935명으로, 전년도보다 62,157명, 2.03퍼센트 증가하였다. 전체 인구 중 남자가 차지하는 비율은 49.17퍼센트인 1,533,983명이며, 여자는 1,585,952명이다. 전체 인구의 64.67퍼센트는 35세 이하 청년층이다. 세부적으로 살펴보면 0~14세는 전체 인구의 30.05퍼센트인 937,518명이며, 15~59세는 63.82퍼센트인 1,991,183명이고, 60세 이상의 노년층은 6.13퍼센트인 191,234명이다.[15]

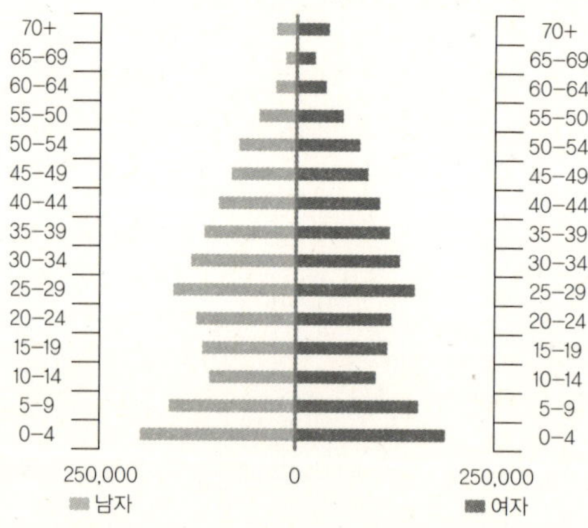

그림 2. 몽골 인구 남녀·연령별 분포도[16]

몽골의 행정구역은 수도 울란바타르를 포함한 21개 도청소재지인 '아이막(Aimag)'으로 구성되어 있다.

그림 3. 몽골의 행정구역도

울란바타르 시에는 아홉 구(두럭Duureg)가 있으며, 전국 21도(아이막)에는 모두 330개의 군청 소재지인 '솜(Soum)'이 있다.[17] 몽골은 전국을 서부, 항가이, 중앙, 동부, 울란바타르 등 크게 다섯 지역으로 구분한다.

3. 몽골의 문화: 유목, 유목민

1) 오축

몽골인들은 아시아의 중앙에 위치한 몽골초원에 삶의 둥지를 만들었다. 몽골초원은 겨울이 길고, 연강우량 300밀리미터 내외의 적은 비가 내리기 때문에[18] 농사 짓기가 거의 불가능한 지역이므로 몽골인들은 이곳에서 오래전부터 가축을 키우고 사냥을 하면서 생활해 왔다. 몽골인들은 봄, 여름, 가을, 겨울 네 계절 동안 물과 풀을 따라 이동하며 가축을 키운다.

몽골인들이 키우는 가축은 말, 소, 양, 염소, 낙타 등 다섯 종류로, '오축(五畜)'이라고 부른다. 말은 유목민들이 주로 타는 이동수단이며, 소와 양은 풀이 비교적 풍부한 초원 지역에서, 낙타와 염소는 고비사막 등 풀이 적은 지역에서도 키운다.

몽골의 인구는 3백만 명이 조금 넘지만 몽골인들이 키우는 오축의 전체 수는 2015년 말 현재 5,500만 마리로, 몽골 국민 1인당 약 18마리의 가축이 있는 셈이다.

2015년 말 현재 몽골에서 키우는 가축 수는 다음 표와 같다.[19]

표 3. 몽골의 오축 현황

가축 종류	소	낙타	양	염소	말
수(마리)	3,780,400	368,000	24,943,100	23,592,000	3,295,300

2) 게르와 델

몽골인들은 네 계절마다 가축을 몰아 이동하기 때문에 이동하기에 편리한 '게르(Ger)'에서 생활한다. 바람이 많이 부는 환경에 알맞게 원형으로 만든 게르는 가족과 이웃이 힘을 모으면 한 시간 안에 설치와 해체가 가능하다. 한 해의 절반을 넘는 길고 혹독한 추위를 견디기 위하여 외부에는 양털로 만들 펠트로 보온을 하고 게르 중간에는 난로를 피워 보온을 하는데, 이 열을 이용하여 음식을 만들어 먹는다.

몽골인들은 상·하의 구분 없이 연결된 통으로 된 옷인 '델(Del)'을 입는다. 델은 밤에 잘 때는 이불로 이용하면 몸을 따뜻하게 할 수도 있고, 초원에서는 깔고 앉을 수 있는 돗자리 역할을 하기도 한다. 겨울에는 델 안쪽에 양털이나 낙타털 등 따뜻한 동물의 털과 가죽을 덧대어 붙이면 방한복이 된다.

3) 고기와 우유

가축을 키우며 살아가는 유목생활의 특성상 몽골인들은 고기와 우유가 주식이다. 가축들이 새끼를 낳는 봄부터 여름까지는 우유와 유제품을 주로 먹으며, 가축들이 살이 찌기 시작하는 가을부터 시작하여 겨울에는 고기를 먹어서 추운 겨울 날씨를 이긴다. 혹독한 추위를 견뎌야 하는 겨울이 오기 전에 겨우내 먹을 고기들을 도축하여 미리 저장해 둔다.

몽골인들에게는 "가축은 풀을 뜯어 먹고, 사람들은 고기를 먹는다"는 속담이 있는데, 이 말은 몽골인들이 식생활을 잘 대변해 준다.

4) 진취적인 기상과 개방성

생존 환경이 열악한 고비사막과 몽골초원, 알타이 산악지대에 터를 잡은 몽골인들은 가축을 키우며 이동한다. 농사를 지으며 한 곳에 정착하여 사는 정주민들과 달리 유목민들은 계절에 알맞은 주거 환경을 찾아 끊임없이 이동하고, 맹수로부터 가축을 보호하기 위하여 끊임없이 싸워야 하기 때문에 강인한 기상이 요구되었다. 그리고 새로운 것을 받아들이는 개방정신 없이는 적자생존이 불가능하다.

몽골인들의 전통음악은 기본 리듬으로 말을 타고 달리는 경쾌하고 빠른 음률이며, 음악과 춤은 유목민의 삶에 바탕을 두어 용맹하고 진취적인 그들의 기상을 잘 드러낸다.

4. 몽골의 역사: 칭기즈칸의 나라

1) 흉노와 선비, 돌궐

몽골 역사에 최초로 등장하는 나라는 흉노제국으로, 기원전 209년 묵특 선우가 세웠다. 흉노는 중국 한나라와 일진일퇴를 거듭하면서 기원후 93년까지 300년 이상 몽골초원과 중국에서 위세를 떨쳤다. 흉노 이후 기원후 1125년까지 선비, 유연, 투르크, 위구르, 키르키스, 거란이 차례로 국가를 세워 흥망성쇠를 거듭하며 만리장성 이북 몽골초원을 다스렸다.

몽골 역사교과서에 기록된 칭기즈칸의 대몽골제국 이전 몽골 땅에 세워졌던 고대국가들의 이름과 국가로 존속했던 시기를 살펴보면 아래 표와 같다.[20]

표 4. 몽골의 고대국가들

국가 이름	존속 시기
흉노	기원전 209년–기원후 93년
선비	1–3세기
유연(니룬)	330–555년
투르크	552–745년
위구르	745–840년
키르키스	840–923년
거란	901–1125년

2) 대몽골제국과 여러 칸국

몽골초원을 호령하던 유목민들이 중국을 넘어 유라시아에 걸쳐 세계 역사상 최대의 제국을 건설하였는데, 그것은 바로 13~14세기 200여 년간 존속한 대몽골제국이다.

1206년 오논 강 상류에서 몽골 귀족들이 대(大)쿠릴타이를 열어 대몽골국 성립을 선포하고 칭기즈칸을 대칸으로 추대하였다. 그리하여 북으로 바이칼 호에서 남으로 만리장성까지, 동쪽으로 흥안령 산맥에

서 서쪽으로 알타이 산맥 너머까지의 광대한 영토를 가진 대몽골국이 성립되었다.[21]

  칭기즈칸 이후 대몽골제국은 그의 네 아들과 후손에 의해 네 개의 국가 금장 칸국(Golden Horde: 1223~1505년), 일 칸국(IL Khanid Dynasty: 1256~1335년), 차카타이 칸국(Tsagaadai Khanate: 1223~1358년), 중국 원나라(Yuan Empire: 1271~1368년)로 나뉘어 유라시아 대륙을 지배하게 된다. 대몽골제국의 영토와 후계 국가는 아래 그림과 같다.

그림 4. 대몽골제국 영토

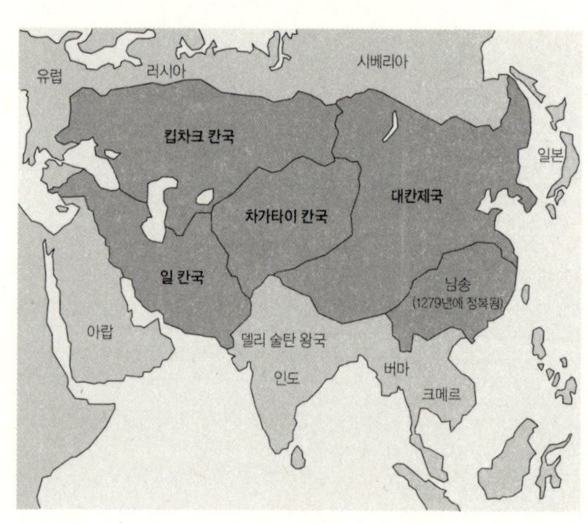

그림 5. 대몽골제국과 후계 국가

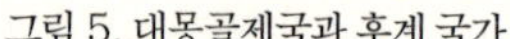
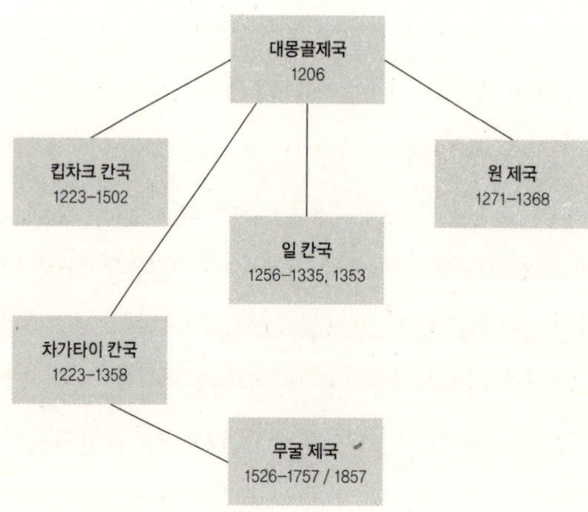

3) 점점 쇠퇴하는 몽골제국

유라시아를 지배하던 칭기즈칸과 그의 후대 제국은 한순간에 사라져 버리지는 않았지만 서서히 쇠퇴하게 된다. 16세기 칭기즈칸 가—설령 투르크화할지라도—의 부흥이 있은 지 한참 뒤인 17세기 후반에서 18세기 중반에 이르기까지 서부 몽골인들은 중화제국에 대항하여 칭기즈칸의 야망을 되살리려는 노력을 기울였다.[22]

몽골인들의 본거지인 몽골초원에서는 16세기 후반까지 칭기즈칸 가문이 통치하였다. 르네 그루세(René Grousset)는 다얀칸과 알탄칸을 칭기즈칸 가문의 최후의 부흥으로 본다. 알탄칸의 치세는 1543년부터 1583년까지이다.[23]

17세기 이후 몽골 각 지역과 부족이 청나라에 정복되었다. 1636년 내몽골이, 1691년에는 할하몽골이, 1755년 준가르(오이라트)가 각각 청나라에 정복되어 300년 가까이 청나라의 지배를 받았다.[24] 그 후 몽골은 1921년 수흐바타르가 공산혁명을 성공하기까지 공산국가, 1991년 민주화할 때까지 사회주의국가였다.

4) 민족의 자존심 칭기즈칸

몽골인들은 유라시아 유목민 중에서 유일하게 2천 년 이전부터 강대한 국가를 건설했던 역사적인 경험이 있다. 기원전 3세기부터 서기 17세기까지 2천 년 가까이 몽골은 유라시아 대륙을 호령하며 중국과 대등하게 경쟁하는 강력한 세력을 유지하였다. 17세기 이후 현재까지 과거 강대국으로서의 명성이 사라지고, 북쪽 바이칼 호수 주변 시베리아 지역과 남쪽 내몽골 지역을 러시아와 중국에 내어주었을 뿐 아니라 두 강대국 사이에 끼인 인구 300만 명이 조금 넘는 나라가 되고 말았지만, 그들은 칭기즈칸을 통하여 과거의 영광을 회복하는 것을 꿈꾸고 있다.

세계 역사상 가장 넓은 영토를 가지고 유라시아 대륙을 지배하였던 칭기즈칸의 후예라는 자존심은 몽골인들이 지닌 민족적·집단적인 자존심이다. 칭기즈칸이 대몽골제국을 건국한 지 800년이 되던 2006년, 몽골의 심장부라고 할 수 있는 수도 울란바타르 중앙에 위치한 광장, 정부청사 앞에 칭기즈칸의 대형 좌상이 세워졌다. 본래 이 자리는 근대 사회주의혁명의 영웅 수하바타르의 대리석 무덤이 있던 곳이다.

현대 몽골인들의 일상은 칭기즈칸과 결코 분리할 수 없다. 몽골의 500투그릭에서 20,000투그릭까지 다섯 종류의 지폐에는 칭기즈칸의 초상화가 그려져 있으며, 대부분 몽골인들의 집에는 칭기즈칸의 초상화가 그려진 카펫, 그림, 조각 등이 있다.

5. 몽골의 세계관: 샤머니즘, 티베트 불교, 사회주의

1) 샤머니즘

몽골인들은 오랜 옛날부터 푸른 하늘과 자연을 숭배하고, 다양한 형태의 신령 옹고트[25]들을 집안에 두고 숭배하였으며, 이러한 신과 인간을 연결하는 중재자로서 '샤먼'을 중시하는 신앙이 있었다.

샤머니즘은 북방 알타이어계 민족들이 신봉하던 토착 종교로, 이미 초원지대에서 꽃을 피우고 있었다. 변화무쌍한 자연현상을 이해하지 못하면서도 자연을 의지하고, 그것에서 알 수 없는 두려움마저 느끼는 것은 인간의 능력을 넘어선 신령이 그것을 다스린다고 믿기 때문이다. 따라서 그들은 자연물을 숭배하여 그 앞에 엎드리는 것이다. 초원에 사는 사람들은 일상생활과 관련이 깊은 해와 달과 별, 비와 바람, 번개, 산천대지 같은 자연현상을 숭배 대상으로 삼았다.

'샤먼'은 무당 또는 주술사이자 부족의 등불과도 같은 존재였다. 샤먼의 역할은 인간세계는 물론 신령과 정령, 죽은 조상의 영혼, 귀신 등과 영적으로 교류하여 인간의 고통을 덜어주고 그들의 해탈을 돕는 일이었다. 때문에 이러한 신비한 힘을 지닌 샤먼은 아무나 될 수 없었다. 평범한 씨족 구성원은 자격이 되지 않았고 반드시 선천적으로 기이한 능력을 타고난 사람이라야 했다. 눈에 보이지 않는 영혼과 교감하고 예언하고 치료하는 능력은 샤먼이 반드시 갖추어야 할 기본 자질이었다.[26]

16세기 후반 티베트(라마 중심) 불교가 몽골에 들어오면서 샤머니즘이 박해를 받기도 하였다. 그러나 시간이 지남에 따라 샤머니즘은 라

마교와 혼합하여 마침내 완전히 라마교화한 형태로 나타났다.[27]

기원전 3세기 흉노제국 이전부터 시작하여 13세기의 대몽골제국, 그리고 21세기 현대까지 몽골인의 정신세계는 샤머니즘이 가장 중요하게 자리 잡고 있다.

2) 티베트 불교

티베트 불교는 16세기 후반인 1576년 알탄칸이 몽골의 국가적 종교로 선포하여 1921년 사회주의혁명이 성공할 때까지 크게 부흥하였다. 특별히 17세기부터 19세기까지 몽골을 지배하던 청나라는 몽골인들을 손아귀에 넣고 강력하게 통치하는 데 티베트 불교를 중요한 도구로 사용하였다. 청 황제는 사원을 많이 건축하고 불교 경전을 티베트어에서 몽골어로 번역한 뒤 목판인쇄를 하여 보급하고, 불교의 수장을 베이징에서 초빙하여 감시·감독하는 방법을 강구하는 등 다양한 정책을 실시하였다.[28]

부흥하던 티베트 불교는 1921년 사회주의혁명 이후 공산주의 무신론 사상으로 큰 위기를 맞았지만 1991년 민주화 이후 종교의 자유를 회복하면서 티베트 불교는 몽골 국민들의 전통 종교로 받아들여지고 새롭게 부흥하고 있다.

2010년 몽골 인구 조사 결과에 따르면 15세 이상 인구 1,905,696명 중 종교별 신자 수는 아래 표와 같다.[29]

표 5. 몽골 종교별 인구(2010년)

	인구	백분율(%)
15세 이상 전체 인구	1,905,696	100
종교가 없다	735,283	38.6
종교가 있다	1,170,283	61.4
종교별 인구와 비율		
불교	1,009,357	53.0
기독교	41,117	2.1

이슬람교	55,702	3.0
샤머니즘	55,174	2.9
기타	6,933	0.4

위 표에서 15세 이상 몽골 인구 중 전체 인구의 절반이 넘는 53퍼센트가 티베트 불교를 믿는다는 것을 알 수 있다.

3) 사회주의

몽골인들의 세계관에서 중요한 것 중의 하나가 사회주의 무신론 사상이다. 1921년 사회주의 혁명 이후 몽골은 구소련에 이어 세계에서 두 번째로 사회주의 국가가 되어 1991년 민주화할 때까지 70년 가까이 사회주의 무신론의 영향을 받았다.

특별히 사회주의 혁명 이후 몽골 정부는 1937년부터 1940년 사이에 17,000명의 승려를 체포하여 13,600명을 살해하였고, 700여 곳의 사원을 파괴하였다.[30]

몽골이 민주화한 지 26년이 지났지만 아직도 여전히 공산·사회주의가 영향을 미치고 있다. 과거 사회주의 시절 유물론, 무신론 교육을 받은 사람들 가운데 아직도 과거의 사상을 추구하는 사람들도 있다. 2010년 몽골 인구·주택 통계 조사에서는 15세 이상 몽골 인구 중 38.6퍼센트가 종교를 믿지 않는다고 응답하였다.[31]

4) 황금만능주의

1991년 민주화 이후 몽골은 민주주의·시장경제 체제로 전환하였고, 현대 몽골인들은 시장경제 체제의 새로운 정치·사회·경제 시스템에 아주 빠르게 적응해 가고 있다. 체제 전환 이후 몽골인들은 새로운 체제에서의 소득 창출과 부 축적을 위해 황금만능주의라는 새로운 가치관에 빠져들고 있다. 돈을 많이 모으고 소유하는 것이 최고의 미덕이 되고 있으며, 삶의 목적과 가치, 직업 선택, 결혼과 가정, 윤리와 도덕 등의 측면에서 과거와 다른 생각들을 하게 되었다.

몽골 지도층에서도 가장 큰 문제는 부패와 뇌물 문제다. 몽골의 민주화지수는 아주 높지만 부정부패인식지수는 낮은 편이며, 국제사회에서도 몽골의 부패 문제를 자주 거론하고 있다.

국제투명성기구가 매년 발표하는 세계 국가별 부정부패인식지수에서 몽골은 2016년 현재 176개국 중 파나마, 잠비아와 함께 87위를 기록하였다. 2002년 이후 크게 개선되고 있지 않다는 것을 아래 표에서 확인할 수 있다.[32]

표 6. 몽골의 부패지수 변화

연도	2012	2013	2014	2015	2016
부패국 순위	36	38	39	39	38

*덴마크, 뉴질랜드가 90점/100점대로 1~2위(고수치일수록 부패 정도가 낮다.)

6. 몽골과 한국과의 관계: 솔롱고스

1) 솔롱고스, 몽골반점

몽골인들은 한국인을 '솔롱고스'라고 부르는데, 이 말은 '무지개'라는 의미를 띤 '솔롱고'라는 말에서 유래하였다. 몽골인들이 한국인들을 '솔롱고스'라고 부르는 이유에 대해서는 ① 한국이 따뜻한 남쪽나라로 동경하는 땅이라는 것 ② 역사상으로 고려시대에 자의로, 타의로 몽골에 온 고려 소녀들이 색동저고리를 입고 온 것에 연유한다는 등 여러 가지 학설이 있다. 어떤 이유로든 몽골인들이 한국인을 일컬어 "무지개 사람들"이라고 부르는 것은 듣는 사람의 기분이 그리 나쁘지 않다.

몽골인들은 한국인을 아주 친근하게 대한다. 한국인을 자신들과 민족적·역사적 뿌리가 같은 민족으로 여기기도 한다. 그러면서 가장 먼저 내세우는 것이 '몽골반점'이다. 한국인과 몽골인이 모두에게 몽골반점이 있다는 것은 하나님이 두 민족에게 주신 표식이라고 하는 사람들도 있다.

<u>2) 한류</u>

몽골인들은 유목문화의 전통이 있으면서도 농경문화의 전통이 있는 한국과 문화적으로 크게 거리감을 느끼지 않는다. 전 세계에 불고 있는 한국 문화의 유행인 '한류' 바람이 몽골에서도 세차게 불고 있다.

한국어에 대한 관심이 아주 높아서 4년제 대학교에 한국어과가 있는 학교가 20여 곳이며, 한국인이 세운 대학교도 다섯 군데나 된다. 그리고 한국에 가서 일하기를 원하거나, 사업이나 관광 등의 목적으로 한국어를 배우려는 사람도 많다. 몽골어는 한국어와 같은 '알타이 언어군'에 속하여 어순이 같고, 문법과 단어도 유사한 부분이 있어서 몽골인들이 비교적 한국어를 쉽고 빨리 배우는 경향이 있다.

한국의 K-pop이나 드라마에 대한 인기도 높다. 매년 K-pop 경연대회가 열띤 참여와 호응 속에 열리고 있으며, 몽골의 주요 텔레비전에서도 한국 드라마를 자주 방영한다. 한국의 다부작 드라마들이 한국에서 방영이 채 끝나기도 전에 몽골의 텔레비전에서 방영되는 것도 쉽게 볼 수 있다. 몽골의 텔레비전 방송국들이 자체적으로 드라마를 제작할 수 있는 역량이나 재정, 시설 등이 부족하므로 한국 드라마를 많이 방영하고 있다.

한국 음식 문화도 몽골에 널리 퍼지고 있다. 수도 울란바타르에서는 50개가 넘는 한국 식당이 성업 중이며, 지방의 군청소재지에 가도 한국의 김치나 김, 한국 라면과 고추장 등을 어렵지 않게 구할 수 있다.

<u>3) 경제성장의 모델</u>

한국은 몽골의 주요 교역 대상국이며, 경제성장의 모델 국가라 할 수 있다. 1990년 3월 한국과 몽골은 정식으로 외교 관계를 수립했으며, 이후 정치, 사회, 문화, 경제 등 전 분야에서 활발하게 교류하고 있다.

특별히 경제 분야에서도 자원과 인프라, 의료, 농축산 분야 등에서 교류와 협력이 발전적으로 진행되고 있다.

2015년 말 현재 몽골의 대외 수입 분야에서 한국은 3억 2,500만 달러 규모로 중국, 러시아, 영국에 이어 몽골의 4번째 수입 국가이며, 수

출 분야에서도 6,600만 달러 규모로 중국, 영국, 스위스, 러시아에 이어 5번째 국가이다.[33]

몽골은 한국이 국토가 좁고 자원이 부족함에도 1950년 한국전쟁 이후 전쟁의 폐허를 딛고 경제적으로 빠르게 성장한 것을 모델 삼아 자국의 경제발전을 도모하고자 한다.

4) 세계로 나가는 관문

한국은 몽골인들이 세계로 나가는 관문 역할을 톡톡히 하고 있다. 현재 한국의 서울(인천), 부산과 몽골의 수도 울란바타르를 연결하는 직항 항공편은 평균 주 15회 이상이나 되며, 이러한 편수는 중국 베이징-울란바타르 노선의 거의 두 배나 되는 수치이다. 과거 몽골인들이 베이징이나 모스크바를 거쳐 전 세계로 나갔다면 이제는 한국을 거치는 추세다. 이러한 흐름은 몽골과 한국의 인적 교류, 사회·문화적 교류, 정치·경제적 교류를 확대하고, 양국 사이를 아주 가깝게 만들어 주고 있다.

7. 몽골의 현재: 세계평화에 기여하며 성장하는 나라

몽골은 러시아와 중국이라는 양 강대국 사이에서 국가 안전과 국익 추구, 국가 발전을 위하여 세계 여러 나라와 우호·친선·협력 관계를 맺으며, 세계 평화와 발전에 기여하며 성장하는 나라가 되기를 원하고 있다.

2000년 이후 몽골이 세계 평화와 발전에 기여하기 위한 국제 관계와 협력에 대하여 주요한 네 가지 사건을 살펴본다.

1) 아시아유럽정상회의 개최

아시아유럽정상회의(ASEM: Asia-Europe Meeting) 제11차 회의가 2016년 7월 몽골 수도 울란바타르에서 열렸다. 이 회의는 아시아와 유럽의 정상들이 참석하여 정치, 경제, 사회, 문화 등 전 분야에 걸쳐 폭넓고 자유롭게 의견을 교환하는 역할을 한다. 몽골 역사상 자국에서 열린 최대 규모의 국제적 행사라 할 수 있는 이 회의에는 51개국, 두 국제기관에서 5,600여 명이 참석하였다. 11개국 국가 정상(대통령), 23개국 정부 수반(수상), 13개국 외무장관이 참석하였고, 국가대표들과 함께 온 경제인들이 정상회의 기간 동안 62회에 걸쳐 모임을 가졌다.[34]

2) 유엔에서 몽골 비핵지대 결정

2012년 9월 2일 67차 유엔 총회 본회의 연설에서 몽골 대통령 엘벡도르찌는 "몽골 땅에 핵폐기물을 묻지 않겠다"고 전 세계에 선언하였다. 몽골 사회에 불신의 씨앗을 뿌리고, 몽골인들에게 두려움을 갖게 했던 '핵폐기물' 문제를 엘벡도르찌 대통령은 유엔 단상에서 선포한 것이다.

또한 67차 총회 이후 2년 뒤에 열린 69차 유엔총회에서는 "몽골이 국제적으로 안전한 비핵지대"라는 안건을 상정하였다. 전 세계 대표들이 이 안건을 토론하고 결정하였을 뿐 아니라 유엔안전보장이사회 5개국이 이 결정문에 서명하고 공포하였다.[35]

3) 유럽안보협력기구 정회원 가입

2012년 10월 22일, 몽골은 유럽안보협력기구(OSCE: Organization for Security and Co-operation in Europe)의 57번째 정회원으로 가입하였다. 몽골의 정회원 가입 문제는 1997년부터 논의되었으며, 몽골은 2011년에 공식적으로 회원 가입을 신청하였다. 유럽안보협력기구에는 유럽, 미국, 아시아 등에서 57개국이 참여하고 있으며, 역대 안보협력의 가장 큰 기관이다.

아시아 대륙에서 유일한 유럽안보협력기구 정회원 국가인 몽골은 2015년 첫 4개월 동안 이 기구의 의장국으로 일하였으며, 2015년 8월에는 이 기구의 의회(Parliament) 회의를 수도 울란바타르에서 개최하였다.[36]

4) 유엔 평화유지군 파견

몽골은 2002년 최초로 두 군인을 아프리카 콩고에 유엔 평화유지군으로 파견한 이후 지속적으로 평화유지군을 파견하였다. 2002년부터 2008년 사이에 총 2,978명의 군인을 참여시켰으며, 2008년 이후 8년 동안 그 수는 네 배나 증가하여 11,178명이 되었다. 2012년 이후 해마다 평균 1,500명의 군인이 유엔 평화유지군으로 참여하고 있다.[37]

지난 15년 동안 몽골은 총 14,149명의 평화유지군을 해외에 파견하여 세계 평화를 지원하는 일에 적극 참여하였다.

II

몽골선교 현황

앞 장에서는 몽골의 일반적인 현황에 대하여 개괄적으로 살펴보았다. 이 장에서는 몽골선교 현황을 살펴본다. 몽골선교의 전체적인 현황과 한국 선교사들의 선교 사역을 중심으로 고찰한다.

먼저 몽골의 기독교 역사를 살펴보고, 다음으로는 몽골선교 현황을 10개 주요 선교 분야[1]—교회 개척, 신학교육, 의료, 교육, 사회개발, 대학생, 성경번역, 출판, 비즈니스, 스포츠, 해외 선교 활동—에 걸쳐 세부적으로 고찰한다. 마지막으로 현대 몽골선교에 대한 간략한 평가를 할 것이다.

1. 몽골 기독교 역사

7세기경부터 시작된 몽골 기독교는 천 년이 넘는 오랜 역사가 있다. 몽골 기독교 역사를 경교의 몽골 전파, 몽골제국 시대의 기독교, 근대 몽골선교, 현대 몽골선교로 나누어 살펴본다.

1) 경교의 몽골 전파

몽골에 최초로 전파된 기독교는 경교(네스토리우스: Nestorius)로, 7세기 초반부터 몽골초원에 전파되기 시작하였다. 431년 에베소교회 회의에서 이단으로 파문된 경교는 페르시아제국으로 이동한 뒤 새로운 본거지를 마련한 이후 중앙아시아, 몽골, 중국으로 확장되었다.

김호동은 다양한 역사적 자료들을 근거로 하여 경교가 늦어도 5세기 말경에는 중앙아시아 유목민들에게 침투했고, 경교로 개종한 소그드인 상인들을 통하여 7세기 초반에는 중국과 몽골 초원에 전파되었다는 사실을 다음과 같이 설명한다.

소그드인들은 당시 동서교역을 거의 독점했던 국제상인이기도 했다. 이들의 발길은 서쪽으로는 비잔틴제국에서 동쪽으로는 중국, 그리고 북쪽으로는 몽골리아 초원에 이르기까지 미치지 않는 곳이 없었다. 네스토리우스교 역시 개종한 소그드인들을 따라서 동방으로 전파되기 시작했고, 마침내 7세기 초반에는 당의 수도 장안에까지

그들의 발길이 다다르게 된 것이다.[2]

경교는 635년 중국에 전파되어 황실의 보호를 받으며 부흥하였으나 9세기 중반 이후부터 정치·사회적 요인으로 쇠퇴를 거듭하다가 10세기 후반부터는 중국에서 더 이상 활동하기가 힘들어졌다. 그러나 경교를 전하던 소그드 상인들은 유목민들이 사는 중앙아시아와 몽골 초원으로 진출하여 교역을 하면서 그들에게 왕성한 포교활동을 하여 많은 긍정적인 성과를 거두었다.

13세기 칭기즈칸이 몽골제국을 건국하기 전에 몽골초원에 경교가 광범위하게 전파되었다는 것을 여러 학자들이 분명하게 말하고 있다. 김호동은 몽골제국 이전 시대부터 경교가 몽골초원의 여러 부족들에게 전파되었다는 것을 다음과 같이 설명한다.

몽골제국이 출현하기 전에 네스토리우스교는 이미 초원 곳곳에 견고한 발판을 만드는 데 성공했고, 씨족과 부족 단위로 생활하는 유목민들은 수령의 결정에 따라서 집단개종을 하게 되었다. 이렇게 해서 케레이트나 나이만 혹은 옹구트와 같은 유목집단들이 대거 기독교를 받아들였고, 그것이 바로 서구에서 사제왕 요한의 전설을 잉태시킨 모태가 되었다.[3]

르네 그루세도 그의 책에서 이렇게 밝힌 바 있다.[4] "몽골 서부 홉드 지구와 옵스 호수 주변에 살던 투르크-몽골 민족들 가운데 하나인 나이만(Naiman) 부족민들 중에는 경교도 많았으며, 셀렝게 강 남쪽과 오르홍 강 상류 부근에 살던 케레이트(Kereyit) 부족은 서기 1000년이 지난 지 얼마 안 되어 시리아의 연대기 편찬자 헤브라에우스(Hebraous)가 언급한 환경에서 경교를 받아들였다고 생각된다."

앞서 살펴본 것처럼 몽골초원에는 7세기경부터 경교를 믿는 소그드 상인들이 기독교를 전파하여 성공적으로 선교가 이루어졌다. 역사적인 유물들과 학자들의 견해들을 종합하면, 13세기 칭기즈칸이 몽골제국을 건국하기 전에 몽골초원에 흩어져 살고 있던 유목 부족들 가운데 현재 몽골 서부 지역에 살던 나이만 부족, 중북부 지역에 살던 케레이트 부족, 남쪽 내몽골 지역에 살던 옹구트 부족이 집단 개종하여 부족민들이 대부분 경교를 믿었다는 것은 분명한 역사적인 사실로 보인다.

2) 몽골제국 시대의 기독교

몽골제국은 몽골초원과 중국 그리고 중앙아시아와 동유럽에 이르는 광활한 지역을 포함하는 방대한 영토와 다양한 민족을 다스리기 위하여 모든 종교에 관용적인 태도를 취하지 않을 수 없었다.

김호동은 종교적인 측면에서 몽골제국의 정책에 대해 다음과 같이 설명한다.

종교적인 측면에서 몽골제국은 매우 유연하고 관용적인 정책을 취했다. 불교나 유교 혹은 기독교나 이슬람 그 어느 것도 배척하거나 탄압하지 않았다. 이러한 포용정책이 가능했던 것은 특정한 신이나 종교를 절대유일한 것으로 여기지 않는 몽골인들의 종교관은 물론이고, 가능하면 다양한 민족과 문화의 공존을 지향하는 그들의 정책적 고려가 있었기 때문이다. 그들의 이와 같은 종교적 포용 정책은 수많은 칙령에도 잘 드러나고 있다.[5]

몽골제국이 다양한 종교정책을 펼치고 있었다는 것은 13세기 몽골을 방문한 플라노 카르피니(Plano Carpini), 윌리암 루브룩(William Rubruck)의 몽골 기행문에서도 잘 나타난다. 카르피니 신부는 천주교 교황 이노센트 4세의 명령으로 1246년 7월 당시 대몽골제국의 수도 하라호름을 방문하여 4개월 정도 머문 뒤 돌아갔다. 그리고 7년 뒤인 1253년 12월 프랑스 국왕 루이 9세의 명령을 받은 루브룩이 몽골에 와서 하라호름에서 7개월 이상 머물렀다.

루브룩은 당시 대칸이었던 뭉케칸의 궁전에서 여러 종교의 사제들이 자주 모여 신학 토론을 하였다는 것과 경교 사제들의 여러 활동에 대해 그의 기행문에서 자세하게 기록했다. 그는 "당시 하라호름에는 열두 개의 불교 사원이 있었고, 두 개의 모스크가 있었으며, 도시의 가장 먼 끝에 기독교 교회가 하나 있었다"고 설명한다.[6]

몽골제국 당시 종교 관용 정책에 따라 기독교의 분파라 할 수 있는 경교가 당시 세계 여러 종교들과 함께 공식적으로 인정받고 활동하고 있었으며, 유럽의 기독교 세계와도 다양한 교류가 있었다는 것을 알 수 있다.

강톨가는 몽골제국은 세계 종교의 각축장이었으며, 누구나 종교의 자유를 누리고 있었던 것을 설명한다.

하라호름에는 불교, 기독교, 이슬람교 등 다양한 종교사원이 열두 개 있었으며, 종교 업무를 자유롭게 수행하였다. 승려와 성직자들은 자신의 종교의 영향력을 증대해 대칸의 후원을 얻으려고 노력하였다. 그뿐만 아니라 아마도 역사상 최초로 뭉케칸의 궁정에서는 불교와 기독교, 이슬람교의 대표자 사이에 논쟁이 벌어지기도 하였다. 누구라도 다른 종교를 자유롭게 믿을 기회가 있었다는 것은 사상의 자유가 완전하게 지켜졌다는 명확한 예증이다.[7]

또한 13세기 몽골제국 이전부터 몽골초원에 보내졌던 경교도들도 몽골제국에서 영향력 있는 위치에서 활동하였다. 앞서 말한 경교를 믿는 나이만, 케레이트, 옹구트 부족들은 대몽골제국의 성립과 함께 제국체제에 강제로 흡수되거나 자발적으로 동참하게 되었고, 그들의 활동을 통해 기독교는 제국 영역 내에 자연스럽게 퍼져 갔다.[8]

특별히 칭기즈칸의 막내아들 툴루이의 아내이자 몽골제국의 4, 5대 대칸이었던 뭉케와 쿠빌라이, 후일 일 칸국의 통치자인 훌라구의 어머니 소르카타니 베키는 독실한 기독교 신자로 알려졌다. 그녀가 자식들에게 끼친 영향 역시 심대했고, 뭉케, 쿠빌라이, 훌라구 등이 모두 기독교를 적극적으로 보호하거나 적어도 기독교에 관대한 정책을 취했던 것도 이와 무관하지 않다고 볼 수 있다.[9]

이렇듯 13세기 몽골제국 시대는 종교의 자유가 보장되었고, 다른 종교들과 더불어 기독교도 활발한 종교 활동을 할 수 있었으며, 유럽의 기독교 세계와도 교류가 있었다. 그리고 이미 기독교를 믿고 있던 사람들이 왕실 내에서 적지 않은 영향을 미치고 있었으며, 국가 지도부에도 기독교인들이 들어가 활동하였다. 이러한 역사적인 증거들을 통하여 몽골제국 시대의 기독교는 상당한 위치와 영향력이 있었고, 기독교도들이 자유롭고 활발하게 활동하였다는 것을 알 수 있다.

3) 근대 몽골선교

몽골이 중국에 세웠던 원나라가 패망하고, 연이어 유라시아 각지에 세워졌던 몽골의 여러 칸국이 붕괴되며 기독교도 점점 자취를 감추었다. 그리고 1576년 일시적으로 몽골을 되찾았던 투멘자삭트칸은 스스로 티베트 불교인 라마교에 귀의하고 나라 전체에 불교를 확장하도록 정책적으로 강력하게 후원하면서 몽골 땅에 불교가 부흥하기 시작하였다. 명나라 이후 몽골을 지배한 청나라 시기인 17세기부터 19세기까지 몽골 전국에 라마교의 영향의 크게 확대되었다.

강톨가는 라마교가 청나라가 몽골을 지배하는 중요한 정책적 도구로 활용되었다는 것을 잘 설명하고 있다.

17세기부터 몽골과 만주의 통치자들은 각각 자신들의 목적으로 불교를 후원하는 정책을 시행하였다. 청의 경우, 이는 몽골인을 지배하에 넣고 강력하게 통치하는 데 필요한 중요한 도구였다. 청 황제는 사원을 건축하고 불교 경전을 티베트에서 몽골어로 번역하여 목판 인쇄를 하여 보급하고 불교의 수장들을 베이징에 초청하여 감시 감독하는 등의 방법을 강구하는 등 다양한 정책을 실시하였다. 종교와 사원이 흥성함으로써 몽골의 사회생활에 깊은 영향력을 행사하였으며, 긍정적·부정적으로 다양한 결과를 초래하였다.[10]

몽골제국 이후 몽골 본토에서는 기독교가 흔적을 찾아볼 수 없을 정도로 사라졌지만, 17세기부터 19세기 사이에 모라비안 선교사들이 러시아제국 내 볼가강변 등지에 살고 있던 토르구드 부족, 칼묵 부족, 그리고 몽골 북부 부리야트 부족을 상대로 복음을 전하였다는 기록들이 남아 있다.

19세기에 중국과 몽골을 비롯하여 동아시아 지역의 선교에 중요한 역할을 감당한 선교단체는 런던선교회(London Missionary Society)이다. 런던선교회는 당시 열악한 교통 사정과 혹독한 자연환경에도 불구하고 아시아 대륙 깊숙이 위치한, 아무도 찾지 않던 시베리아와 몽골 지역 선교에 최선의 노력을 기울였다. 1802년 시베리아 바이칼 호수 주변 도시인 이르쿠츠크에 첫 발을 내디딘 이후 1841년까지 10여 명의 선교사를 보냈지만 잦은 병사(病死)와 분쟁 등으로 부리야트의 선교 사역이 중단되었다.

이용규는 런던선교회의 선교 사역을 다음과 같이 설명한다.

런던선교회 파송 선교사들은 주로 학교 교육과 문서선교를 통해 전도의 문을 두드리는 전략을 사용했다. 서구적인 모델의 아카데미를 열어서 현지인들을 서구적인 교육으로 양육하기도 했다. 하지만 신앙교육보다는 세속교육에 초점을 두게 되었고, 결신자를 얻는 데는 실패한 것으로 보인다. 당시 선교는 선교사들이 장거리를 여행해서 장시간을 머물며 노력을 들였음에도 불구하고 실제적으로는 열매가 거의 나타나지 않았던 것으로 보인다.[11]

런던선교회는 중국과 러시아에 거점을 두고 선교하는 방식을 채택하여 선교하였는데, 가장 유명한 선교사는 '몽골의 사도'라 불리는 제임스 길모어(James Gilmour 1843~1891)다. 그는 19세기 후반 북중국과 몽골 지역에 살면서 그리스도의 복음을 전하였고, 몽골 유목민들에게 복음을 전하는 여정을 기록하여 《몽골인들 속에서(Among the Mongols)》라는 책을 출판하였다. 이 책은 당시 영국인들에게 큰 감명을 주어 베스트셀러가 되기도 했다.

볼러르마는 제임스 길모어의 몽골 사역을 다음과 같이 정리하였다.

제임스 길모어는 런던선교회 파송으로 1870년 몽골에 왔다. 북경에서 몽골까지 여행하는데 15개월이 걸렸으며, 라마교 승려의 시골집에서 3개월간 살면서 몽골어를 배웠다. 그리고 그는 몽골초원에 흩어져 살고 있는 몽골인들에게 복음을 전하였다. 겨울에는 북경에, 여름에는 몽골초원으로 여행하면서 몇 년을 보냈다. 그의 전도 방법은 아주 일반적인 것으로, 성경을 배포하고 병자들을 섬김으로 유목민들에게 다가갈 수 있다고 보았다. 아내가 죽은 뒤에도 1891년 죽을 때까지 계속해서 선교 사역을 감당하였다.[12]

이후 19세기 말에서 20세기 초반 몽골이 공산화되기까지 북유럽 선교사들의 몽골선교가 활발하게 이루어졌다. 스웨덴, 노르웨이 등 스칸디나비아 반도에 위치한 북유럽 개신교 국가 출신 선교사들이 상대적으로 몽골선교에 관심과 열정을 보이며 몽골을 찾았다. 이들은 위도가 높은 추운 지역 출신이기 때문에 몽골의 혹독한 추위를 잘 이기며 선교할 수 있었던 것으로 보인다.

이용규는 북유럽 선교사들의 선교 사역을 다음과 같이 소개한다.

스칸디나비아 출신 선교사들은 1890년대에 들어 현재의 울란바타르 지역에 병원을 세우며 선교를 시작했다. 하지만 1924년 이후 러시아인의 유입과 공산 혁명으로 인해 선교사들은 외몽골 지역에서 철수하게 되었고 내몽골 지역을 중심으로 사역하게 된다. 정착지역에서와는 달리 지속적으로 유목하며 계절 단위로 이동하는 유목민들을 상대로 전도하는 것은 쉬운 일이 아니었다.[13]

1924년 몽골이 공산화되기 이전의 근대 몽골선교는 영국과 북유럽 선교사들이 감당하였으며, 그들은 학교와 병원을 세워서 근대적 의미의 선교 사역을 하였다. 제임스 길모어 선교사처럼 유목민들을 찾아

다니며 선교하는 사람들도 있었지만 몽골선교는 그리 활발하게 진행되지 않았고, 선교의 열매도 거의 없이 공산·사회주의 혁명으로 인하여 선교를 중단할 수밖에 없게 되었다.

4) 현대 몽골선교

1990년 12월 평화적인 민주화혁명의 성공으로 1921년 공산·사회주의혁명 이후 굳게 닫혔던 몽골 땅에 복음의 문이 열리기 시작하였다. 1980년대 영국인 존 기븐스(John Gibbons) 선교사가 몽골이 민주화되기 이전에 몽골선교를 시작한 것은 사실이지만 본격적으로 선교의 문이 열린 것은 1990년말 몽골 민주화혁명 이후라고 할 수 있다.

기독교인이 단 한 명도 없었고, 단 한 교회도 없었던 복음의 황무지 몽골 땅에 복음의 문이 열린 지 27년이 지난 지금은 수만 명의 기독교인이 있고, 수백 개의 교회가 생겨났다. 몽골선교 10주년이 지날 무렵 마르꾸 제링(Marku Tsering)은 몽골선교 초기에 일어난 놀라운 복음의 확장과 기독교 부흥을 "몽골에서 일어난 기적"이라고 하였다.[14]

몽골 정부가 10년마다 실시하는 광역 인구 조사인 '2010 인구 통계 조사 결과 보고서'에 보면 15세 이상의 몽골 인구 중 2.1퍼센트인 41,117명이 자신을 기독교인이라고 응답하였다. 이 통계를 근거로 몽골 전체 인구 2,754,685명 중 2.1퍼센트가 기독교인이라고 보면 몽골 인구 중 전체 기독교인 수는 57,848명이 된다.[15]

2010년 몽골 인구 통계 조사 결과에 따르면 15세 이상 몽골 전체 인구 1,905,696명 중 각 종교별 신자 수는 31-32쪽의 표 5와 같다.[16]

1990년 후반 몽골에 복음의 문이 열린 후 2011년까지 몽골선교 초기 20년간의 주요한 사건들을 정리하면 다음 표와 같다.[17]

표 7. 몽골 교회 20년 주요 사건

연도	주요 사건
1990년	− 6월, 존 기브스, 알탕체책이 몽골어 신약 1만 부를 번역 출판 − 9월, 최초로 국제봉사 NGO인 ISS(International Support Services, 대표 존 기브스)가 몽골 정부에 등록 그리스도교회 창립(존 기브스 부부 외 4인)
1991년	− 4월, 한기총에서 '사랑의 쌀 나누기'운동 본부 몽골 방문 − 9월, 강영순(한국침례회 선교부), 이혜영(GMS) 선교사 입국 − 11월, 몽골 대학생선교회(CCC) 사역 시작
1992년	− 2월, 몽골 최초 선교연합인 인터데이브 모임 − 4월, 울란바타르 성경학교 개교(다니엘 램)
1993년	− 1월, 에르트네트 예수교회 개척 − 5월, 주일학교지원센터 창립 − 10월, 울란바타르 대학교 전신인 울란바타르 한국어학교 개교 − 11월, 정부와 종교 관계에 관한 법률 의회 통과
1994년	− 1월, 우르딩게게 교회에서 처음 찬송가 발간 − 7월, 연세친선병원 개원 − 8월, 하나님의교회성경학교 개교 − 11월, 몽골 법무부에서 기독교회 허가 시작
1995년	− 9월, 연합신학교(UBTC) 개교
1996년	− 5월, 몽골 성서공회 창립, 이글 텔레비전 개국 − 12월, 사마리아 선물 사역 시작
1997년	− 11월 몽골 복음주의연맹 창립
1998년	− 3월, 에르트네트 몽골선교센터 창립 − 11월, 몽골 선교센터 몽골 최초 선교 컨퍼런스 개최
1999년	− 4월, 몽골 찬송가협회(MCSC)에서 찬송가 발간(1만 부)
2000년	− 2월, 몽골 성경번역위원회에서 구약 출판 − 7월, 신구약 완역 출간
2001년	− 5월, 몽골 가족라디오(FM 104.5) 개국
2002년	− 5월, 연합 목사 안수식(5인 안수, 24인 인정 허입) − 7월, 몽골 최초 선교사 렌칭오치르를 부랴트로 파송 − 9월, 몽골 국제대학교(MIU) · 후레 대학교, 몽골 침례교성경학교 개교
2003년	− 7월, 몽골 기독법률인협회 창립 − 8월, "몽골 추수 2003"집회(강사: 김장환 목사) − 11월, 몽골 감리교성경학교 개교
2004년	− 5월, 몽골 성서협회 창립 − 7월, 몽골 교회지도자대회 최초 개최
2005년	− 5월, 제2회 연합 목사 안수식(12명 안수, 28명 인정 허입) − 9월, 몽골 장로교신학교 개교 − 11월, 기독교 지도자들이 몽골 대통령 엥흐바야르와 면담

2006년	- 8월. 몽골 교회지도자대회의 20/10 비전 확정 - 8월. 몽골선교 15주년 기념대회(몽골 한인선교사연합회)
2007년	- 11월. 몽골 복음주의연맹 창립 10주년 기념식
2008년	- 5월. 제3회 연합 목사 안수식(7인 안수, 39인 인정 허입) - 9월. 몽골 교회지도자대회의를 권역별로 나누어 개최
2009년	- 2월. 연합신학교(UBTC) 최초 몽골인 교장 취임
2010년	- 1월. 몽골 교회연합 신년기도회
2011년	- 5월. 몽골선교 20주년 기념대회 제4회 연합 목사 안수식(16인 안수, 41인 인정 허입) - 6월. 아시아 로잔대회 개최

2. 몽골의 분야별 선교 상황

현재 동·서양 선교사들이 진행하는 전체적인 몽골선교의 상황을 10개 선교 분야―1) 교회 개척, 2) 신학교육, 3) 의료 선교, 4) 교육 선교, 5) 사회 개발, 6) 대학생 선교, 7) 성경 번역·문서 출판, 8) 비즈니스 선교, 9) 스포츠 선교, 10) 해외 선교 활동―로 구분하여 고찰한다.

1) 교회 개척

이 분야는 직접 복음을 전하여 교회를 세우고, 현지인을 제자로 양육하는 동시에 자기 민족에게 복음을 전하여 교회를 세우는 사역자를 키워내는 일까지 포괄한다. 현재 몽골 교회와 기독교인, 그리고 몽골 교회의 활동(사역)과 목회자(사역자)의 순서로 교회 개척 선교 분야를 살펴보자.

(1) 몽골의 교회

현재 몽골의 교회 수와 교단별 분포, 정부와 몽골 복음주의연맹에 등록(가입) 현황, 교회 건물 등에 대해 차례로 살펴본다.

① 몽골의 교회 수

2015년말 현재 몽골에는 전국적으로 525개 교회가 있다.[18] 전체 교회의 약 43퍼센트인 228개 교회는 수도 울란바타르에 있으며, 나머지 57퍼센트인 297개 교회는 21개 지방에 흩어져 있다.

몽골 수도 울란바타르의 각 구(區, 몽골어로 '두럭Duurek')별 교회 수는 다음 표와 같다.[19]

표 8. 몽골 수도 울란바타르의 (지역)구별 교회 수

No.	구	교회 수
1	바가노르(Baganuur)	7
2	바가항가이(Bagahangai)	4
3	바양골(Bayangol)	23
4	바양주르흐(Bayanzurkh)	60
5	날라이흐(Nalaikh)	10
6	송긴하이르항(Songinokhairkhan)	48
7	수흐바타르(Sukhbaatar)	35
8	항 올(Khan Uul)	23
9	칭겔테(Chingeltei)	18
총 교회 수		228

울란바타르의 아홉 구 가운데 시 동쪽에 위치한 바양주르흐 구에 교회가 가장 많다. 바양주르흐 구는 몽골선교 초창기부터 선교사들이 가장 많이 거주하는 지역이며, 현재 선교사자녀학교, 성경학교(신학교), 선교사들이 세운 대학, 교회가 가장 많다. 울란바타르에서 기독교의 영향력이 상대적으로 강한 지역이다.

몽골의 21개 도(道, 몽골어로 '아이막Aimag')별 교회 수를 지역별로 분류하면 다음 표와 같다.[20]

No.	지역	도(道)	교회 수
1	서부 지역 (Western region)	바양얼기(Bayan-Olgi)	4
2		옵스(Uvs)	6
3		홉드(Khovd)	24
4		자브항(Zavkhan)	10
5		고비알타이(Gobi-Altai)	6
6	항가이 지역 (Khangai region)	헙스걸(Khovsgol)	21
7		아르항가이(ArKhangai)	17
8		볼강(Bulgan)	13
9		바양항고르(Bayankhongor)	20
10		오르홍(Orkhon)	16
11		어벌항가이(Ovorkhangai)	9
12	중부 지역 (Central region)	다르항 올(Darkhan Uul)	20
13		셀렝게(Selenge)	34
14		터브(Tuv)	21
15		어문고비(Omnogovi)	18
16		돈드고비(Dundgovi)	8
17		고비숨베르(Govisumber)	4
18		도르노고비(Dornogovi)	21
19	동부 지역 (Eastern region)	수흐바타르(Sukhbaatar)	3
20		힝티(Khenti)	15
21		도르노드(Dornod)	10
합계			300

몽골 각 지방의 교회 분포를 살펴보면 수도 울란바타르를 중심으로 국토 중앙부에 집중되어 있으며, 울란바타르에서 멀어질수록 교회 수가 적은 편이다. 몽골의 지방에서 교회 수가 적은 도를 꼽아 보면, 국토의 서쪽 끝에 위치한 바양얼기 아이막(도)에 4개, 바로 옆인 옵스 아이막에 6개, 국토의 동남쪽 끝에 위치한 수흐바타르 아이막에 3개, 도르노드 아이막에 10개 교회가 각각 산재해 있다. 반면 국토 최남단에 위치한 어문고비 아이막에는 14개의 모든 솜(군 단위)에 교회가 세워져 있으며, 도 전체에 18개 교회가 있고, 북쪽 끝에 위치한 셀렝게 아이막에는 몽골의 아이막 가운데 가장 많은 34개 교회가 있다.

몽골선교가 시작된 이후 지난 25년간 몽골 교회 수의 변화 추이
는 아래 표와 같다.

표 10. 몽골 교회 수의 변화

연도	1990	1993	1996	2000	2004	2006	2011	2015
교회수	1	19	59	132	220	484	600	525

위 표에서 1990년부터 2004년까지 14년 동안은 해마다 평균 17개
정도가 꾸준히 증가하였고, 2004년부터 2006년 사이 3년 동안 무려
264개 교회가 세워져 가장 크게 늘어난 것을 볼 수 있다. 그 후 2006년
부터 2011년까지 5년 동안은 연평균 20개 이상으로 증가폭이 감소하다
가 2011년 이후 교회 수가 완만한 감소세로 돌아선 것을 알 수 있다. 이
렇게 된 원인은 다음 몇 가지로 설명할 수 있다.

첫째, 2008년 이후 선교사들에 대한 몽골 정부의 외국인 정책이
나 비자 목적 외 활동 등에 대한 감독이 강화되고, 선교사들이 추방되
기 시작하면서 몽골 교회의 지도력이 선교사에서 몽골인 목회자로 이
양되는 과정에 있다.

둘째, 몽골 경제가 발전하면서 복음에 대한 몽골인들의 관심이 줄
고 있다.

셋째, 지방에 있는 교회들 가운데 목회자들이 떠나거나, 재정적인
어려움 등으로 문을 닫는 교회들도 있다.

넷째, 자생력이 약한 교회들이 서로 합치는 경우도 있다.

다섯째, 지금까지 많은 교회들을 세우기는 하였지만 세워진 교회
와 목회자들을 돌보는 일에는 상대적으로 관심이 부족하였다.

② 몽골 교회의 교단별 분포

몽골에도 장로교, 감리교, 침례교, 오순절 등 전 세계의 다양한 개
신교 교단들이 있다. 선교가 시작된 지 아직 25년 정도밖에 되지 않아
교단성이 약하거나 교단에 대해 잘 모르는 경우도 있다. 교단이 생기면

교회 연합이 깨진다는 부정적인 생각을 하는 지도자들도 있어, 교단에 소속되어 있지 않거나 독립 교회라고 하는 교회들이 전체 교회의 45퍼센트를 조금 넘는데, 이 점에서 다른 나라의 경우와 차이가 난다. 2015년 조사에서 자신들의 교회가 어떤 교단에 소속되어 있느냐는 질문에 응답한 472개 교회의 교단별 분포는 아래와 같다.[22]

표 11. 몽골 교회의 교단별 분포[23]

No.	교단	교회 수	비율(%)
1	장로교회	169	35.8
2	교단 미소속 교회	114	24.2
3	독립(자유)교회	100	21.2
4	침례교회	27	5.7
5	오순절	26	5.5
6	감리교회	18	3.8
7	카리스마틱 교회	10	2.1
8	루터교회	8	1.7
	합 계	472	100

③ 몽골 교회의 등록 현황

몽골 복음주의연맹(Mongolian Evangelical Association)에서 발표한 몽골 교회 통계 조사에는 몽골 교회들의 정부 등록 상황, 몽골 복음주의연맹의 회원 가입 상황이 나타나 있다.

먼저 전체 527개 교회 중[24] 약 37퍼센트에 해당하는 194개 교회가 몽골 정부에 공식 등록된 교회이며, 나머지 333개 교회는 정부에 등록되지 않은 미등록 교회다.[25] 그리고 몽골 복음주의연맹[26]에 회원으로 등록된 교회는 전체의 60퍼센트 정도를 차지하는 316개 교회이며, 나머지 211개 교회는 회원으로 등록하지 않았다.[27] 2012년 발표된 몽골 통계청의 〈2011 몽골 통계연감〉에서 발표한 몽골 교회의 정부 등록 현황은 다음 표와 같다.[28]

연도	2008	2009	2010	2011
정부 등록 교회 수	90	110	96	161

몽골 통계청의 2011년도 조사에서는 161개 교회가 정부에 등록하였고, 2015년 몽골 복음주의연맹 조사에서는 194개로 밝혀졌다.

2010년에 정부 등록 교회 수가 2009년보다 14개나 줄어든 것은 몽골 교회들이 대부분 매년 정부 등록을 연장하고 갱신하기 때문이다.[29] 그리고 2010년에서 2011년 사이에 정부 등록 교회 수가 65개나 늘어나 전년도보다 크게 증가한 것을 알 수 있다.

④ 몽골 교회의 건물 소유 여부

이번 조사에서 몽골 교회들 가운데 전체의 약 83퍼센트인 437개 교회는 자체 건물을 소유하고 있고, 나머지 90개 교회는 자체 건물을 소유하지 못한 것으로 밝혀졌다. 자체 건물을 갖지 못한 17퍼센트 정도의 교회는 임대 건물을 사용하고 있다. 지방에 있는 교회들은 대부분 자체 건물이나 게르(Ger: 몽골 유목민 전통주택)에서 사역을 하여 자체 건물을 소유하고 있다. 자체 건물이 없는 교회들은 대부분 울란바타르에 있다.[30]

(2) 몽골 기독교인

몽골 기독교인 수와 성별, 연령별 비율에 대하여 살펴본다.

① 몽골 기독교인 수

2017년 현재, 몽골에서 기독교 신자는 36,240명[31]으로 전체 몽골 인구 3,119,935명[32] 중 1.16퍼센트에 해당한다.[33]

몽골에 복음의 문이 열린 1990년부터 2016년 말까지 26년의 몽골선교 역사에서 기독교인 수 변화를 살펴보면 아래 표와 같다.[34]

표 13. 연도별 몽골 인구와 기독교인 비율[35]

연도	~1990	1998	2000	2004	2006	2010	2017
인구		2,387,000	2,420,500	2,475,400	2,533,100	2,761,000	3,119,935
기독교인	0	7,400	12,373	21,588	42,836	57,848	36,240
비율(%)	0	0.30	0.51	0.87	1.69	2.10	1.16

　　몽골의 기독교인 수 변화는 앞서 살펴본 몽골 교회 수의 변화와 비슷한 양상을 보이고 있다. 몽골의 기독교인 수는 1990년부터 2004년 까지는 연평균 1,500~1,600명씩 꾸준히 증가하다가 2004년부터 2010 년까지는 연평균 5,000명 이상 급격히 증가하는 추세를 보였다. 그러나 2011년 이후 현재까지 서서히 감소하고 있다.

　　이런 현상은 첫째, 몽골 기독교가 외부 선교사 주도에서 몽골 현 지 지도자 주도로 교체되는 리더십 교체기의 불안정한 상황이며, 둘째, 몽골인들이 경제적 안정과 물질적인 풍요로 인해 교회에 가기보다는 여 행 등 여가활동을 더 중시하게 되었으며, 셋째, 몽골 교회가 자립, 자치, 자전하는 건강한 토착교회로 성장하기 위해 겪는 진통 등을 원인으로 들 수 있다.[36]

② 몽골 기독교인의 분포

　　몽골 기독교인들의 성별·연령별 분포는 2012년 10월 울란바타르 통계국에서 2010년 몽골 인구 통계 조사를 근거로 발표한 자료를 통하 여 알 수 있다. 2010년 울란바타르 시민의 종교별 신자 비율과 남녀 비 율은 아래 표와 같다.[37]

표 14. 울란바타르 시민의 종교별 신자 수와 남녀 비율

	비율(%)	남자	여자
종교가 없다	38.6	43.1	34.5
종교가 있다	61.4	56.9	65.5
각 종교별 신자 수와 비율			
불교	53.1	49.5	56.4
기독교	3.0	2.4	3.7
이슬람교	0.7	0.7	0.6
샤머니즘	4.2	3.9	4.4
기타	0.4	0.4	0.4
합계	100	100	100

위 통계 자료에서 보면 울란바타르 인구 중 기독교인의 비율 3.0퍼센트는 몽골 전체 인구 중 기독교인의 비율인 2.1퍼센트보다 월등히 높은 것을 알 수 있다. 그리고 울란바타르에 사는 기독교인 중에서 남자보다 여자가 훨씬 많다는 것도 알 수 있다. 울란바타르의 남자 인구 중에서 기독교인이 차지하는 비율이 2.4퍼센트인 반면 여자 기독교인은 3.7퍼센트로 남자보다 훨씬 많다. 다른 종교와 비교해 보아도 기독교인 중에서 여성이 차지하는 비율이 높다는 것을 알 수 있다.

몽골 기독교인들의 연령별 분포를 살펴보자. 종교가 있는 사람들의 나이가 많을수록 전통 종교인 티베트 불교를 더 많이 믿는다. 구체적으로 살펴보면 15-19세에서 종교를 믿는 사람의 82.0퍼센트가 불교를 믿는다면, 50-59세 사이는 89.4퍼센트, 60-69세 사이는 92퍼센트, 70세 이상은 94.3퍼센트가 불교를 믿는 사람들이다.

반대로 종교가 있는 사람들 가운데 나이가 젊을수록 기독교를 믿는 사람이 많다. 구체적으로 살펴보면, 15-19세 사이의 기독교인 비율은 전체 인구의 7.0퍼센트이며, 60-69세 사이는 3.6퍼센트, 70세 이상은 2.7퍼센트로 나이가 많을수록 기독교인 비율이 점점 줄어드는 것을 알 수 있다.[38]

2010년 몽골 인구 통계 조사에 근거하여 울란바타르에 살고 있는

사람의 종교별·연령별 신도 분포는 아래 표와 같다.[39]

표 15. 울란바타르 시민의 종교별·연령별 비율(%)

연령 구분	불교	기독교	이슬람교	샤머니즘	기타
15–19세	82.0	7.0	2.0	8.4	0.6
20–29세	84.0	5.4	1.5	8.4	0.7
30–39세	87.7	4.2	0.8	6.7	0.6
40–49세	87.4	4.8	0.7	6.4	0.7
50–59세	89.4	4.5	0.6	4.9	0.6
60–69세	92.5	3.6	0.6	2.8	0.5
70세 이상	94.3	2.7	0.6	1.9	0.5
전체	86.5	5.0	1.1	6.8	0.6

울란바타르에 사는 전체 기독교인 가운데 세 사람 중 한 사람은 20-29세 사이의 연령이다. 이를 구체적으로 살펴보면 15-19세가 16.8퍼센트, 20-29세가 33.2퍼센트, 30-39세가 18.4퍼센트, 40-49세가 16.4퍼센트, 50-59세가 9.6퍼센트, 60-69세가 3.8퍼센트, 70세 이상이 1.8퍼센트이다.

위 자료들을 종합하면, 몽골의 기독교인 인구는 지방보다는 수도 울란바타르가 많고, 남자보다 여자가 많으며, 젊은 연령층일수록 전체 인구 중에서 기독교인이 차지하는 비율이 상대적으로 높다는 것을 알 수 있다.

(3) 몽골 교회의 활동

현재 몽골 교회들의 활동(사역)을 대외 봉사 활동과 교회 내부 사역으로 나누어 살펴본다.

① 대외 봉사활동

2015년 현재 몽골 교회의 대외 봉사활동에 대한 구체적인 설문에 응답한 58개 교회를 중심으로 살펴보자.[40]

　　설문에서는 대외 봉사활동의 12가지 영역—치유와 회복 사역, 장애자 봉사, 고아와 과부 섬김 사역, 노인 봉사 사역, 어린이 인권 보호 사역, 무료급식과 의복 제공 사역, 보건 의료 사역, 예술 사역, 체육 사역, 교육 사역, 자립 비즈니스 사역, 교도소 사역 등—에 어떻게 참여하고 있는지를 질문하였다. 몽골 교회의 대외 봉사활동에 대한 답변은 아래 표를 통하여 확인할 수 있다.

표 16. 몽골 교회의 대외 봉사활동 현황

No.	사역 종류	참여 여부					
		정기		부정기		불참	
		교회 수	비율(%)	교회 수	비율(%)	교회 수	비율(%)
1	치유와 회복	10	17.2	26	44.8	22	38.0
2	장애자 봉사	9	15.6	23	39.6	26	44.8
3	고아와 과부 섬김	13	22.4	28	48.3	17	29.3
4	노인 봉사	11	19.0	14	24.1	33	56.9
5	어린이 인권 보호	14	24.1	11	19.0	33	56.9
6	무료급식과 의복 제공	11	19.0	24	41.4	23	39.6
7	보건 의료	10	17.2	19	32.8	29	50.0
8	예술	6	10.3	11	19.0	41	70.7
9	체육	10	17.2	10	17.2	38	65.6
10	교육	12	20.7	21	36.2	25	43.1
11	자립 비즈니스	4	6.9	8	13.8	46	79.3
12	교도소	6	10.3	11	19.0	41	70.7

　　위 표에서 보면 몽골 교회가 정기적·부정기적으로 가장 많이 하는 사역은 고아와 과부를 섬기는 사역, 치유와 회복 사역, 무료급식과 의복 제공 사역, 교육 사역의 순서이다. 그리고 가장 부족한 사역은 성도들의 자립을 돕는 비즈니스 사역, 교도소·예술·체육 사역 등으로, 이들 분야는 더 전문성이 필요하며, 재정적인 부담도 적지 않다.

② 교회 내부 사역

몽골 교회의 외부적인 사회봉사 사역 외에 교회 내부적으로 어떤 사역들을 하고 있는지 설문에 응답한 58개 교회를 중심으로 살펴본다.[41]

교회 내부 사역으로는 13가지 영역—어린이, 청소년, 여성 사역, 남성 사역, 사회복지, 기도, 가정상담, 전도, 해외선교, 국내선교, 교회 개척, 성경 교육, 대학생—의 참여 정도에 대하여 설문을 하였다. 몽골 교회의 내부에서 진행되는 다양한 사역에 대한 결과는 아래 표에서 확인할 수 있다.

표 17. 몽골 교회의 내부 사역 현황

No.	사역 종류	사역 시행 여부					
		정기		부정기		미시행	
		인원	비율(%)	인원	비율(%)	인원	비율(%)
1	어린이	41	70.7	8	13.8	9	15.5
2	청소년	22	37.9	16	27.6	20	34.5
3	여성 사역	26	44.8	12	20.7	20	34.5
4	남성 사역	20	34.5	12	20.7	26	44.8
5	사회복지	18	31.0	16	27.6	24	41.4
6	기도	44	75.9	8	13.8	6	10.3
7	가정상담	15	25.9	15	25.9	28	48.2
8	전도	30	51.7	21	36.2	7	12.1
9	해외선교	8	13.8	8	13.8	42	72.4
10	국내선교	16	27.6	14	24.2	28	48.2
11	국내 교회 개척	10	17.2	10	17.2	38	65.6
12	성경 교육	25	43.1	19	32.8	14	24.1
13	대학생	19	32.8	8	13.8	31	53.4

설문 결과에서 보면, 주일학교 어린이 사역 및 전도와 기도 사역은 전체 교회의 85퍼센트 이상이 정기적 또는 부정기적으로 사역을 진행하고 있는 것으로 나타났다. 이 가운데 기도와 성경 교육, 주일학교 어린

이 사역은 전체 교회의 70퍼센트 이상이 정기적으로 진행하고 있으며, 전도 사역도 전체 교회의 50퍼센트 이상이 진행하고 있다. 성경을 체계적으로 가르치는 성경 교육도 전체 교회의 75퍼센트 이상이 정기적·부정기적으로 진행하고 있다.

몽골 교회의 가장 부족한 사역은 해외선교 사역으로, 전체 교회의 72퍼센트 이상이 해외선교에 참여하지 못하고 있으며, 다음으로는 국내 교회 개척과 대학생 사역 순으로 사역이 미미하게 진행되고 있다.

(4) 몽골 교회의 지도자(목회자)

현재 몽골에는 527개 교회에 544명의 목회자들이 있는 것으로 조사되었다.[42]

544명의 목회지도자 가운데 안수를 받은 목사는 212명이며, 안수를 받지 않고 목회를 하는 장로, 사역자는 332명으로 나타났다.[43] 성별로는 전체의 56.6퍼센트인 308명이 남성이며, 43.4퍼센트인 236명이 여성이다. 또한 가정별로는 전체의 83.5퍼센트인 454쌍의 부부와 자녀로 가족이 구성되어 있으며, 55명은 자녀가 없고, 35명의 사역자는 여성으로 남편 없이 자녀들을 키우며 사역을 감당하고 있다.

현재 몽골 교회에 가장 필요한 부분은 목회자들을 양성하고 훈련하여 세울 뿐만 아니라, 지속적으로 돌보고 멘토링을 하여 목회 사역을 잘 감당하게 하는 것이다.

몽골의 544명 목회자들을 신학교육 수준별로 분류하면 아래 표와 같다.

표 18. 몽골 목회자들의 신학교육 수준

No.	신학교육 수준	목회자 수(명)	비율(%)
1	단기교육(3–6개월)	215	39.5
2	수료증	138	25.3
3	신학사	133	25.3
4	신학석사	48	8.9

| 5 | 신학박사 | 10 | 1.8 |
| 합계 | | 544 | 100 |

2014년 몽골 통계청에서 발표한 〈2013 몽골 통계연감〉의 종교별 승려, 사제, 설교자(목회자) 수 현황에서, 기독교의 경우 213명으로 조사되었다.[44]

2010-2013년 몽골의 주요 종교별 승려, 설교자 수는 아래 표와 같다.

표 19. 몽골의 종교별 승려, 사제, 설교자 수

	2010	2011	2012	2013
불교 승려	2,093	1,784	1,668	1,721
기독교 설교자	181	191	227	213
이슬람 사제	11	20	26	21

몽골 통계청에서 발표한 기독교 설교자와 몽골 복음주의연맹(Mongolian Evangelical Association)에서 발표한 목회자 수는 큰 차이가 있다는 것을 알 수 있다. 이 차이는 몽골 정부의 공식 인정을 받는 종교단체냐 아니냐에 따른 것임을, 앞선 몽골 교회의 정부 등록 현황을 통해서도 알 수 있다.

2) 신학교육

전 세계 어떤 선교지에서나 선교사들이 들어가서 복음이 전해지면 믿는 사람들이 생겨나고, 이에 따라 자연스럽게 교회를 형성하게 된다. 그리고 처음에는 선교사들이 교회를 지도하며 섬기지만 시간이 지나면서 현지인 가운데 목회 사역자로서 소명이 있는 신실한 사람들에게 신학과 목회 훈련과 교육을 시켜서 훈련받은 그들이 선교사가 맡은 사역들을 책임지고 감당하게 하는 것이 일반적인 과정이다.

현대 선교에서 선교지 현지인 지도자 양육의 중요성이 점점 커지는 것은 세계 모든 선교지에서 예외가 없는 상황이다.

몽골에 최초로 세워진 신학교육 기관은 1994년에 세워진 '하나님의 성회 신학교'이며, 두 번째로 세워진 신학교는 '몽골 연합신학교 (UBTC)'이다.

초창기 몽골 신학교육의 가장 큰 특징은 동·서양 선교사들이 연합해서 신학교를 세웠다는 것이다. 몽골 연합신학교는 1995년에 세워졌으며, 당시 하나님의 성회 교단을 제외한 거의 대부분의 동·서양 선교사들이 연합하였다. 현재까지 이 신학교는 연합의 전통을 유지해 오고 있으며, 그동안 석사·학사·수료 과정에서 많은 장로, 목사와 사회의 일꾼들을 준비시켜 배출하였다.[45]

몽골 연합신학교는 지난 23년 동안 몽골 교회의 연합과 몽골인 지도자 배출에 가장 큰 영향을 미친 신학교로, 몽골을 넘어 아시아 지역에도 알려져 있다. 2003년 아시아교육연맹(ATA)의 정식 회원 학교로 허입되어 현재까지 동 기관에서 학력 인정을 받고 있다.

몽골 연합신학교의 가장 큰 특징 가운데 하나는 교장과 교무처장, 학생처장 등 주요 지도력이 몽골 현지인에게 이양되었다는 것이다. 2008년부터 첫 번째 몽골인 교장으로 푸릅도르찌 목사가 사역을 하였으며, 2017년부터 두 번째 교장으로 엘 아마르툽싱 목사가 학교를 이끌어 가고 있다.

현재 몽골에 있는 신학교육 기관은 정규적인 과정을 운영하는 기관과 단기 교육을 중심으로 하는 비정규 교육 기관으로 나눌 수 있다. 몽골에 세워진 정규적인 교육과정이 진행되고 있는 신학교육 기관을 표로 정리하면 다음과 같다.[46]

표 20. 몽골의 지도자 훈련 정규 과정

No.	신학교 이름	설립 연도	성격	재학생/졸업생	교육과정
1	연합	1995	초교파연합	160/347	학사/기독교육, 목회, 성경신학
2	몽골 하나님의성회	1994	오순절	60/160	목회자 연수, 신학교육
3	몽골 감리교	2003	감리교	28/40	신학/4년, 교회 지도자/2년
4	몽골 침례교	2002	침례교	53/30	성경연구/2년, 신학목회/2년
5	몽골 장로교	2005	장로교	10/42	성경학교/2년, 신학사, 신대원

몽골의 지도자 훈련기관 가운데는 정규 신학(성경) 교육과정 외에도 인텐시브나 학점은행제로 운영되는 기관들도 있다. 이러한 기관들을 간략하게 표로 정리하면 다음과 같다.[47]

표 21. 몽골의 지도자 훈련 비정규 과정

No.	기관 이름	설립 연도	성격	학(졸업)생 수	과정
1	생명의강성경학교	2001	오순절	74	봄, 가을 학기로 1년 6개월 과정
2	신학연장교육/TEE	1995		729(3,670)	성경 초급, 중급, 수료, 학위과정/ 4년
3	비전국제대학	2008	초교파	200	목회신학/4년, 순회 학교
4	이동성경학교	2002		200	2년간 4회 과정 수료

비정규 지도자 훈련 과정에서 몽골선교에 가장 큰 영향을 미친 기관은 몽골 신학연장교육(TEE)이다. 1995년 9월에 서양 선교단체들의 협의체인 JCS와 몽골 월드비전이 협력하여 '몽골 신학연장교육센터'라는 이름으로 세워져서 활발한 사역을 펼쳐 왔으며, 2002년부터는 '몽골 신학연장교육학교'가 되어 사역의 영역과 범위를 확장시켰다. TEE는 사역 초창기부터 신학 교재를 몽골어로 번역하는 데 심혈을 기울여 정규 교재인《풍성한 생명》,《영원한 빛》,《잠언》,《기독교 가정》,《사역의 세계》,《영적 세계》,《예수님의 삶》 등 기본적인 교재 외에도《신약성경 주석》,《셀 그룹 폭발》,《구약성경 개요》,《성경 그림사전》 등 수십여 가지 교재를 번역하여 출판하였다. 몽골 TEE는 현재 '기초교육 과정', '기독교 봉사 수료 과정', '선택교육 과정', '학위교육 과정' 등 4단계 교육 과정을 시

행하고 있다.[48]

　수도 울란바타르뿐만 아니라 지방에도 신학교육 기관이 세워져 있다. 몽골 지방에 가장 많은 지역에서 신학교육을 실시한 기관은 뭉흐바타르 목사가 세운 비정규 신학교육 기관인 '이동성경학교'로, 몽골의 도청소재지 가운데 절반 이상의 지역을 1년에 두 차례 방문하여 2년간 신학교육을 했다.

　지방에 있는 목회자들이 수도 울란바타르에 와서 신학교에서 공부하려면 재정적인 부담이 크고, 가족을 부양해야 하며, 목회를 일시적으로 중단해야 하는 등의 어려움이 있기 때문에 몽골선교 초기에 각 지방을 찾아가는 이동성경학교는 지방 목회자들을 훈련하는 데 큰 역할을 하였다. 그러나 정규적인 신학교육 과정이 아니며, 교육 시간이 많이 부족하고, 학생들의 관리가 제대로 이루어지지 못하는 등 문제점도 발생하였다.

　몽골 지방의 정규 신학교육 기관은 두 번째 도시인 다르항에 세워졌으며, 남부 지역 남고비의 도청소재지인 달란자드가드에 '남고비장로교신학교'가 2007년에 세워져 10년 이상 70여 명의 사역자들을 훈련하였고, 서부의 홉드에도 몽골 서부 5개 지역 교회들이 연합하여 2017년 10월에 '몽골 서부 연합신학교'를 세워 사역자들을 훈련하고 있다.

　한국 선교사들의 신학교 교육 사역은 3장에서 자세하게 다루도록 한다.

3) 의료선교

(1) 몽골 의료선교 개요

　많은 선교사들의 증언을 통해 현대 몽골선교의 시작은 1990년대부터 본격적으로 시작되었다고 볼 수 있다. 이전에도 몇몇 서구 선교사들의 기록이 남아 있지만, 1989년까지 공식적으로 단 한 명의 기독교인도 없었고, 선교 활동도 없는 것으로 보고되었다. 그러나 몽골 정부가 1989년 개방정책을 실시하면서 자본주의 국가의 외국인이 공식적으로 입국하여 선교 활동이 재개되었다. 소련으로 대표되는 공산국가의 붕괴와 자유화의 변화 가운데 몽골에서도 복음의 바람이 불어 왔다.

일반적인 현대 의료선교의 정의는 의료의 전문성이 있는 자 혹은 전문 의료행위를 훈련받은 자가 통전적 의미에서 복음 전도와 말씀 교육 등과 함께 의료행위를 할 때를 말한다. 몽골 의료선교는 1990년대가 되면서 한국과 미국의 의료기관과 단체에서 본격적으로 비전트립을 하고, 의료봉사팀(impact team)을 보내면서 시작되었다고 할 수 있다. 1993년, 한국 연세의료원은 에비슨 선교사 내한 100주년을 기념하여 해외선교의 본격화를 선언하며 몽골 국립의과대학교에 당시 서원석 교수를 의료선교사 겸 교환교수로 파견하였다.[49]

몽골 의료선교는 한국 선교사들의 주도로 이루어졌다고 할 수 있다. 물론 서양 선교사들도 다양한 몽골 의료기관에서 사역했다. 그러나 대부분 서양 의료선교사들은 개인적인 프로젝트와 교육 등을 위주로 국립 의료기관이나 학교에서 중·단기간으로 사역을 하였고, 주도적인 선교 병원 사역은 지양하였다. 과거 유럽과 미국의 교회들과 선교단체들이 세계 곳곳에 세웠던 선교병원들의 결과를 통해[50] 그들은 대부분 재정과 인력을 대규모로 동원해야 하는 병원사업의 비전은 수긍하나 선교지의 불합리한 의료제도와 관행의 모순, 병원 경영 자립도와 이양 문제, 장비와 건물 등 인프라 유지 문제 등으로 몽골에서의 선교병원 사업에 여전히 비판적 입장을 견지했기 때문이다.

국제선교단체들의 몽골 사역 연합기구인 'JCS International'[51]에서는 다국적 의료 전문가들이 지금까지 사역하였으며, 지방에서는 노르웨이 루터란 선교회(NLM)에서도 몽골 서부 홉드 지역에서 의료선교 사역을 펼치고 있다.

한국 선교사들의 의료선교에 대해서는 3장에서 자세하게 고찰할 것이다.

(2) 몽골 의료선교의 전략적 기회
현재 몽골 의료선교는 다음과 같은 전략적인 의료선교의 기회가 있다.

① 몽골 의료인들을 위한 사역

의사, 치과의사, 간호사, 조무사, 기사, 행정직 직원들을 전문적·영적으로 준비하는 일이다. 몽골 의료계를 이루는 구성원의 전공과 세부 전문 분야가 다양하고, 각기 고유의 전문성을 요하는데, 전문성이 같은 영역의 사람들과 만날 필요가 있다. 동일한 전문성으로 빠르게 관계를 형성할 수 있다. 친구라 부를 수 있는 관계성을 통해 의료선교사의 영적인 영향력이 나누어지게 된다.

의학. 치의학. 간호학 대학 들에서는[52] 의학교육 사역을 할 수 있고, 국립·사립 병원들에서는 전문성을 가지고 몽골 의료인들과 삶을 나눌 수 있는 기회가 있다. 전문적인 지식과 경험을 나누고, 영적인 필요를 서로 발견한다. 그리하여 이 필요를 채워 주시는 하나님을 경험하며, 몽골 의료인들과 함께 나아가는 것이다.

② 병원사역

몽골의 국·공립병원과 사립병원, 호스피스병원에서 전문 분야 진료와 행정에 관여할 수 있는 기회가 있다. 종합예술과 같이 다양한 영역의 전문 인력들이 병원에 필요하다. 호스피스병원을 포함해 몇몇 사립병원 가운데 선교사가 세우고 운영하는 병원들이 있다.

외국인의 의사 면허 취득이 까다로워지고 있지만, 불가능한 것은 아니다. 병원 사역을 통해 환자들을 섬길 뿐만 아니라, 병원공동체로서 일터에서 제자로 살고, 세우는 사역이 가능하다. 최근 몽골 기독의료인들을 중심으로 기독선교병원을 세우려는 준비를 하고 있다. 이러한 사역에 동역하여 그들을 영적·전문적인 의료 영역 및 운영과 사역의 방향성 등의 차원에서 돕고 섬기는 것도 바람직하다.

③ 긍휼의료사역

몽골의 급속한 발전 이면에 도시빈민층이 생겨나 점차 증가하고 있다. 이로써 양질의 의료 서비스로부터 소외되는 계층이 늘고 있기 때문에 이들을 위한 이동진료와 무료 클리닉을 고려해야 한다. 이 일에는 몽골 기독의료인이 주도권을 갖거나, 현지 교회가 참여하며 사역하는 가운데 의료선교사가 협력하는 것이 바람직하다. 사역의 지속성과 독립성을 고려하여 전략적으로 접근하길 권한다.

④ 지역 보건개발 사역

특히 지방의 마을을 중심으로 지역 보건개발 사역은 지속적인 접근이 필요하다. 지역 교회를 중심으로 개발 사역을 진행하는 것도 바람직하다. 의료선교사가 팀을 형성하고, 한 지역의 보건 개발을 위해 전략적으로 접근하는 것이다. 이는 치료적인 사역보다 교육과 예방에 주력하게 된다. 이 과정에서 작은 성공들을 나누며, 그 지역 교회가 정착하고 영향력을 나눌 수 있도록 협력한다.

지난 25년간 몽골 의료선교는 몽골선교에서 중요한 역할을 하였다. 앞으로 몽골 의료계에 전문성과 영성을 지닌 많은 그리스도의 제자를 세우는 데 더 많은 의료선교사들을 부르고 있다. 이렇게 준비된 몽골 의료계의 영적인 군사들이 몽골 복음화와 세계 복음화를 위해 헌신하게 될 것이다.

4) 교육선교

(1) 선교의 새로운 패러다임

세계적으로 종교의 자유가 있다고 하지만, 21세기에 접어들면서 특정 종교를 공교육 현장에서 전하기가 더욱 어려워졌다. 몽골에서는 대학은 물론 사립 유·초·중·고등학교에서도 종교성을 드러낼 수 없다. 단, 불교는 예외다.[53] 게다가 외국인이 비자 외 활동으로 추방당한 지는 이미 오래다. 그래서 선교적인 교육을 숨기고 교육적인 선교가 행해질 뿐이다.[54]

몽골은 티베트 불교의 견고한 구습 아래 청나라 식민지로 250여 년간 묶여 있다가 다시 70여 년 사회주의체제에서 러시아와 평화로운 동반자관계인 듯했지만, 몽골인으로서의 고유한 정체성에 혼란이 가중되었다. 즉 공동생산과 분배 생활의 오랜 습관으로 이들에게서 개인의 희생과 봉사 정신은 찾아보기 어려운 듯하다.[55] 다소 개방적인 듯 모두 자율적으로 활동하지만 양심을 따라 개인적인 가치를 주장하기 쉽지 않아 보인다. 1990년 민주화 개방 이후 급격히 팽창하는 자유·자본주의 시장 속에서 물질의 가치로만 교환가능한 생산자, 소비자 주권만이 살아 있는 듯하다.

다만 현대 몽골은 GNP가 높아지면서 경제활동도 활발해져 다양한 각도에서 교육정책을 연구, 입안하여 교육환경을 쇄신하는 데 심혈을 기울여 왔는데, 이 점에서 교육 발전에 청신호가 보인다. 몽골 정부와 함께 교육부가 몽골의 학습자 전체—유·초·중·고교 및 대학(원)까지—를 향해 예전과 비교할 수 없는 선진화된 시스템을 갖추는 데 주력하고 있기 때문이다.[56]

이에 교육선교에서도 과연 맡겨진 이들의 생명을 살리고 그들의 미래를 준비시키는 교육 목적에 충실하며 치열하게 임하는지 질문해 본다. 교육선교는 복음적인 삶과 행동으로 실천할 수 있는 기독세계관을 심어주는 것이 우선이다. 교육 수혜자들이 진정한 크리스천에 이르도록 복음에 노출되기를 늘 꿈꾸면서, 예수 그리스도의 고귀한 진리가 이들 가슴 속에서 살아내기를 희망한다. 그 생명력이 없다면, 한낱 세상 학문을 전수하고 자본주의의 부산물을 낳을 뿐, 교육선교의 존재가치는 없어지기 때문이다. 이에 선교적 교육을 지향하여 교육적인 선교를 택할 수밖에 없는 긴장관계에 놓이게 된다.

다행히 선교는 하나님께서 이루어 가신다는 측면에서 먼저 하나님께서 당신의 나라에 쓰임 받은 종들을 통하여 아주 오랜 시간 동안 일하셨음을 상기해 본다. 이에 교육이라는 긴 시간의 밭을 기경하는 데 사용하였을 몽골 전체 역사 속에서 이를 들여다보는 일도 필요하리라 본다. 최근 개방 이후 역사 속 몽골의 어려운 시기에 사립학교를 세우고 운영하면서 교육의 주도 역할로 그 기관에 속한 이들에게 넓고 깊게 영향을 준[57] 예를 찾아볼 수 있기 때문이다.

2017년 현재에도 지속하는, 교육이란 활동이 연속적·유기적인 환경에서 산출될 수밖에 없기에 몽골 교육의 흐름을 먼저 간략히 짚어보고자 한다. 몽골 교육의 역사와 속성을 알아보기 위해서다. 그리고 몽골 교육부가 제시한 통계자료를 통해 몽골 공교육 유·초·중·고교 및 대학 (원)의 객관적인 현실을 들여다보기로 한다. 이들은 어떠한 변화를 겪고 있으며 향후 어떤 결실을 기대하는지 질문해 본다.

이러한 정책 변화 과정 전후 혹은 그 바탕에 놓이는 몽골 교육선 교 여정과 활동을 간략히 정리함으로써, 선교지 현장 교육을 매개로 한 복음전도 혹은 선교적인 교육을 어떻게 활성화할 수 있을지 모색하여 보기로 한다.

(2) 몽골 교육의 역사와 특징—교육선교

몽골은 국가 기원으로 삼는 기원전 3세기 훈누 시대부터 학교를 운영하였고, 399년에 대학교가 생겼다고 한다. 외국어를 번역하고 행정 지식을 갖추게 했으며, 6-7세기 투르크 시기에 건축가, 목공, 석공 등의 직업으로 한문과 교육에 큰 진전이 있었다. 7-9세기 위구르 시기에는 문화개발과 발음에 적합한 문자를 만들어 외서를 번역하였다. 10세기 에 이르러서는 연구소와 과학자 선발 시험이 있었으며, 1024년부터 시 간을 해로 계산하기 시작했고, 1021-1055년에 간조르(불교 서적)를 첫 출 판하였다.[58]

이에서 볼 때, 몽골 국가가 형성된 이후 고대 역사에서 천여 년 동 안 학교나 기관에서 실리적인 교육이 이루어졌으되, 외세와의 교류와 접전[59] 속에서 소통하기 위한 문자 기록이 앞서 있었다 할 수 있다. 몽골 의 교육은 주로 외부의 지식 세계를 내·외부로 소통하며 이를 백성에게 전수하는 데 의미가 있었던 듯하다.

당시 나이만의 서기 '타타통가'가 왕자들에게 위구르어를 가르쳤 을 뿐만 아니라 학자들을 모셔서 왕의 후손들을 가르쳤다. 우구데이 왕 은 톨뢰의 맏아들 뭉흐를 교육하려고 이란에서 학자들을 모셔왔다고 한다. 국가에서 시민에게 학문적인 소양을 갖추게 하며 누구를 교육하 고 무엇을 가르칠지 알았던 것이다. 이때 '몽골비사'[60]가 만들어졌는데, 당시 문학과 문화 교육이 높은 수준이었음을 보여 준다.

13-17세기에는 티베트어·중국어·인도어 서적이 활발히 번역되어 글 쓰고 책 만드는 수준이 높았다. 이때 소염보 문자가 만들어지며 나라 발전에 영향을 주어 13세기에 병원과 점성술·남성 학교가 생겼고, 교사와 도우미가 있어서 학습자의 지식을 평가했다. 또한 군대 지휘관들이 고전학교를 완벽하게 운영하여 원나라 때는 몽골 교육문화가 융성했다.[61] 가장 큰 교육 혜택을 받는 자들은 귀족이었으며, 역사적인 문헌으로 볼 때 국가 내부를 견고하게 하고 교육의 확장이 이루어져 과거와 미래가 소통하는 가운데 내실을 이루도록 성장하였다.

만주 시대의 200년 동안에도 교육의 맥은 끊어지지 않았다. 홉드에 학생 20명인 첫 학교가 생겼고, 서기관들뿐만 아니라 여러 종족의 많은 귀족 자녀에게 문자를 가르쳤으며, 글자를 배운 사람들에게 독립적으로 일하며 다른 사람들을 가르칠 수 있는 자격을 주었다. 각 사람에게 알맞은 교육을 하며 교육비는 각 지역에서 대신 지불했다고 한다. 이때 가장 흔한 훈련은 가정교육인데, 지적인 동시에 스스로 배우는 방법과 훈련, 공부법을 발견하게 하였다.

이 17세기에 '금사' 등을 비롯하여 18세기에 번역서들이 나왔고, 당시 불교적인 사상가, 작가, 의사, 점성술사, 학자, 통·번역가 들을 많이 배출했다고 한다.[62] 이처럼 근대 이전의 교육에서도 지식층의 수혜자에 한계가 명확했으나 그 교육 역량으로 사회가 성장할 수 있는 토대를 구축하려는 노력이 국가로부터 시작했음을 알 수 있다. 유목민 가정의 생활 속에 살아 있는 교육적인 역량을 인정하고 그 특이함을 발견하려는 시도도 있었으며, 외래 문물의 수입과 교류 또한 교육의 중심 역할이었음을 보여 준다. 불교적인 통치 아래 교육에 우선순위가 놓였음도 알 수 있다.

1900년대 초에는 55개 군에서 360명의 어린이가 학교에서 배울 수 있었다. 이 시기에는 민족의 '상식'이 '지혜'로 발견되어 사람들은 과학적인 지식을 넓힐 줄 알았다. 1910년대에 수도에 러시아 학교가 있었고, 주로 소년들을 러시아로 보내었다. 청나라로부터 독립한[63] 후인 1921-1940년은 학교교육단체가 강력해지는 시기로, 6개 유치원에서

146명의 어린이가 교육을 받았고, 국가와 지방의 자본으로 초등학교를 설립했으며, 국민이 기부한 재정으로도 학교를 설립하였다. 그 결과 17퍼센트가 글을 깨우쳤고, 국가 예산의 19.7퍼센트를 교육에 투자하였으나 역부족이었으며, 더욱이 많은 교사가 지식인이었기에 숙청당했다.[64]

교육 분야에서의 많은 노력에도 불구하고 몽골의 근대적인 교육 변화는 러시아의 강력한 영향 아래 놓이게 된다. 몽골 문자가 러시아의 키릴 어로 대체되기에 이른 것이다. 몽골의 교육 정체성은 더욱 침해되고 외세의 영향이 더욱 커지고 말았다.

몽골의 교육 역사가 이러한 굴곡을 지나 왔지만, 다른 한편으로 민족 내부의 유목민적인 삶에서 생겨난 자율적인 생활교육 지침이나 철학이 있다. 이 점을 제대로 이해해야 몽골의 특이한 교육의 면모를 엿보며 몽골의 자율적인 교육 역량을 탐색해 볼 수 있을 것이다.

몽골 유목민들은 평소 생활습관 속에서 자녀들을 가르치려는 경향이 강하다.[65] 산모도 자신의 몸을 주의하여 태아 교육에 충실하고자 하며, 자신의 움직임과 동작으로 부모로서 본을 보이려고 노력하였다. 유목 가정이기에 1-2세부터 양이나 염소 새끼를 몰아 달리게 하여, 이들을 돌보면서 동물들과 친밀하게 지내어 가축을 구별하고 아끼도록 가르치는 것이다.

7-12세가 되면 장난감을 갖고 노는 것을 줄이고 실제 일을 늘렸다. 이처럼 유소년기에 접어들 때부터 아이들에게 유목 생활에 필요한 도구를 만들거나 집안일을 도우면서 자신에게 맡겨진 일들을 끝까지 자발적으로 하게 하며, 노동에 흥미를 느끼고 그것을 중요하게 여기게 했다. 이는 성장기 아이들에게 일을 맡기는 것을 그 아이의 미래를 준비하는 것으로 여기기 때문이며, 일상생활 자체에서 지혜롭고 부지런하도록 엄격하게 자녀를 훈육한 것이다. "용기가 있다면 어떤 것도 이룰 수 있다"고 하며, 아이들이 자신감이 꺾이고 주눅이 들어 버리면 아무것도 이룰 수 없게 되므로 자녀들에게 담력을 키워 주기 위해 말을 태워 많은 것을 가르쳤다.[66]

이로써 부모들은 자녀에게 단계적으로 시력에서 분별력, 기억력은 물론 담력, 순발력, 지구력, 인내력까지 키워 준 것이다. 유목민의 생활 곳곳에 교육적인 활동이 포괄적으로 깊숙이 깃들어 있었음을 알 수 있다.

또 주목할 만한 점은 이미 5세기경부터 네스토리안들이 몽골 화이트훈족에게 복음을 전했다는 사실이다. 여기서 기원한 기독교적 정서와 정신이 몽골인들에게 특이한 교육적인 역량으로 심어지기 시작하였다 할 수 있다.

시리아의 연대기 편찬자 헤브라에우스가 언급한 한 가지 예를 살펴보면, 11세기 즈음 케레이트칸이 초원에서 길을 잃었을 때 성자 세르기스가 나타나 구조해 주어, 마침 그 고장에 와 있던 기독교 상인들의 권유로 케레이트 왕족 20만 명이 세례를 받았다고 한다.[67] 이는 종족의 문화와 종교를 결정하며 일대 전환을 이룬 사건임에 틀림 없을 것이다.

몽골의 가장 오래된 역사 문헌인 '몽골비사'의 기록자도 성경을 아는 네스토리안임을 최근 밝히고 있다. '몽골비사'가 구약성경 역사서와 구조와 내용, 문체가 매우 유사하다는 것이다.[68] 칭기즈칸의 대야사 30조에 "거짓말, 절도, 간통을 금하고 이웃을 자신처럼 사랑하라"라는 규정이 있다.[69] 이 또한 구약의 십계명이면서 신약에 이르는 예수그리스도의 새 계명인 황금률이 아닌가. 이를 성경 번역으로 일어난 서구 유럽의 교육적인 변화보다 2, 3세기 앞선 당찬 변혁이라 아니 할 수 있겠는가.

이러한 과정 뒤에 몽골의 기독교육은 13세기 다섯 아이막(도)의 강력한 네 기독종족으로 잘 알려지게 되었다. 이들은 몽골의 토속적인 샤머니즘과 다소 섞여 있기는 하지만 당시 네스토리안들이 전해 준 성경적인 교훈으로 양육이 이루어져 비교적 부지런하고 독립적이며, 제 나름의 지혜를 사용할 줄 알게 하였다. "네 아들아 네 아비의 훈계를 들으며 네 어미의 법을 떠나지 말라. 이는 네 머리의 아름다운 관이요, 네 목의 금사슬이니라"(잠 3:11, 15)라고 솔로몬이 자녀에게 일깨워 준 것처럼, 몽골에서 아이들의 성장기에 가장 흔히 어른들로부터 듣는 말인 "아버지의 훈계는 금이요, 어머니의 훈계는 보석"이라는 격언을 떠올리게 한다. 몽골의 일상 교육에 이미 기독교적인 교육과 훈계가 가득했던 것이다.

이 시기의 기독 부족은 내부 결속 또한 잘 이루어졌고, 외부 부족들

이 더 강력한 힘을 얻기 위하여 이들과 결속을 강화하려 하였다. 특히 며느리를 들일 때, 그들의 자녀교육의 역량을 기대하며 이들을 선호하였다. 칭기즈칸의 모친과 아내, 며느리까지 기독 종족으로 메르키트와 케레이트, 옹구트, 나아만 등의 여성들이었다.[70] 이들의 교육 역량과 가치를 쿠빌라이칸 자신도 경험하지 않았을까. 옹구트 족의 호신부에서 나타나는 만(卍 혹은 몽골어로 '하스') 자 문양은 현대에도 다양하게 활용되고 있다.[71]

마르코 폴로의 《동방견문록》에 따르면, 13세기 당시 세계 강대국이었던 원나라의 쿠빌라이한은 종교 대표자 다섯에게 원탁회의를 붙인 후, 이 논의 결과 가장 합리적이고 타당한 종교로 기독교를 선택하였다. 이에 당시 가톨릭 교황청에 100명의 전문가—문법, 수사학, 논리학, 수학, 기하학, 음악, 천문학—를 요청하였다. 이들 분야는 자신을 잘 표현하고 논쟁에 능한 사람을 만드는 데 필요한 덕목이었다. 이로써 세계 정복자는 거대한 원나라 제국을 온전히 치리할 수 있는 방법을 찾으려 하였다. 당시 쿠빌라이한은 불교도였으며, 적대적으로 기독교 종족들을 반목하는 부하들도 있었지만 종교적으로 관용적인 선조들을 따라 자신의 정책을 실현하는 데 절실하게 필요한 서구의 유능한 교사며 전문가를 초빙하려 한 것이다. 또한 그는 예루살렘 성 안의 성묘교회에 있는 성유를 가져다 달라고 요청했다.

이로써 쿠빌라이칸이 일찍이 네스토리안들의 삶에서 부지런하고 성실함을 배운 이들을 이미 알고 있었음을 짐작할 수 있다. 그의 어머니와 할머니가 모두 그들이었기 때문이다. 이에서 남을 높이며 자신의 유익을 찾지 않는 예수 그리스도의 희생과 사랑에 감동하여 그를 만나고

자 하는 마음이 느껴진다. 이 두 사실은 교육과 성화의 가치를 잘 보여주는 대목이라 하지 않을 수 없다.

> 고대 몽골인들은 자녀들에게 형은 동생들을 가르치고, 동생은 형을 존중하는 태도를 뇌리에 박히도록 가르쳤다. 이러한 가르침은 자녀들에게 어른들을 공경하고, 그러한 자세를 통하여 겸손한 마음을 갖고 손위 사람의 말에 순종하며 부지런히 노력하는 등의 좋은 태도들을 형성시켰다.[72]

몽골인의 삶이 이스라엘 유목민의 삶과도 닮은 점에서 일치할 수 있는 일이지만, 이 말에서 "사람을 존중하고 공경하고, 형제를 사랑하며 하나님을 두려워하고 왕을 존대하라"(벧전 2:17)는 말씀을 생각하게 된다. 이를 뒷받침할 성경적 교훈과 유사한 교육 가치관이 몽골의 지금 현실 생활에서 많이 발견된다는 고백을 자주 들을 수 있다.[73] 이러한 몽골의 옛 교육의 역사를 돌아보며 재인식하고, 이미 있었던 기독교 가치관의 근원을 찾아 회복하도록 하는 일도 몽골 교육선교의 중요한 포인트일 것이다.

몽골 중세의 교육과 몽골인의 특이한 교육 역량을 상기하면서 2017년 몽골의 교육현장을 돌아보며 향후 몽골 교육선교의 올바른 방향을 모색해 보자. 이들에게 잠재한 교육 역량이 어떻게 현대 교육정책에 반영되어 있는지 다시 살펴봄으로써 몽골 교육선교 활성화 방안을 선교적인 구심점에서 찾아보기로 한다.

(3) 몽골의 교육 상황: 유·초·중·고교 및 대학 교육 현장

몽골은 사회민주주의 정책 아래 자본 개방 정책을 표방하고 있다. 국가 재산을 국가 공동체가 공유한다는 취지 아래 국가에서 산출하는 모든 자본—광산 등—을 분배하여 주식이나 정기적인 일시 자금으로 나누어 주고 이를 재생산하는 일로서 교육이 대표적인 것이라 할 수 있다. 사회주의 정책 그대로 2017년 현재, 유·초·중·고교 12년 과정이 의무교육이고 무급제이므로 100퍼센트 혜택을 누릴 수 있다. 국립 유·초·

중·고교의 경우, 외국인도 동일한 혜택을 입는다.

고등기술학교에 해당하는 기술전문학교는 기술대학으로서 지원을 받으며 졸업하면 곧 기술자로 사회에 진출할 수 있다. 최근 국립대학의 예비학교가 생기면서 등록금을 납부하기도 하지만, 종합대학은 국가로부터 교육 내용이나 등록금 내역 등을 엄격히 심사받으며 국가 정책 안에서 개인이 받을 수 있는 교육지원금—융자금도 국가 예산을 활용한다—을 받는다. 대학의 공인 여부에 따라 재학생 개인의 학적을 담보로 학습 보조비나 융자 지원을 받을 수 있는 것이다. 사립 유·초·중·고등학교는 교육 보조비와 급식비를 지원받는다.[74]

유치원은 만 3-5세, 초등은 6-10세(5년제), 중등은 11-14세(4년제)이며, 고등은 15-17세(3년제)가 각각 학습적령기이다. 2008년부터 10년제에서 12년제로 바뀌기 시작하여 당시 5학년을 졸업한 학생들이 7학년으로 월반하고, 그다음 해 6학년 이상 학생들이 12년째 되는 2014-2015년에 첫 졸업생이 되었다.[75] 12학년제로 졸업한 졸업생이 생김으로써 2013년도에 재학생 총인원이 2년 연속 증가하였지만 졸업 인원이 급격히 감소하였다. 2016-2017년 현재, 학년에 때른 학생 수의 증감 추세는 그림 7과 같다.

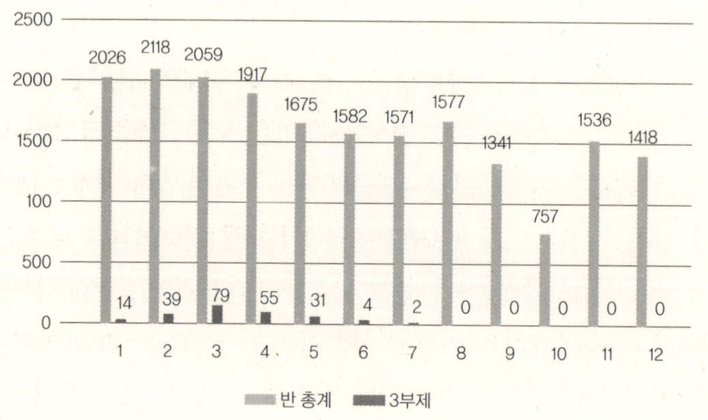

그림 7. 12학년제 현황(2016-2017)
반 총계: 19,677 3부제: 224

표 22를 보면 지난 10년간 전체적으로 24개 학교가 증가한 것을 알 수 있는데, 이는 국립학교가 48개 학교가 증가한 반면 사립학교는 24개 학교가 감소하였기 때문이다. 한편 도시에서는 15개 학교가 증가했다.

표 22. 2007-2017학년도 몽골 학교 수 현황

연도	학교 수	국립	사립	도시
2007-08	754	597	157	210
2008-09	748	594	154	207
2009-10	755	605	150	209
2010-11	751	609	142	206
2011-12	752	614	138	206
2012-13	755	621	134	207
2013-14	756	628	128	203
2014-15	762	628	124	210
2015-16	768	636	132	211
2016-17	778	645	133	225

국립학교는 여전히 3부제(224학급)[76]가 있을 정도로 학교가 부족한 상태이지만 학교 수가 증가하였고, 사립학교는 증가와 감소를 반복하면서 변동이 있다. 이는 사립학교가 공교육 사업자로서 국가로부터 지원[77]을 받는다 해도 학교 운영에 태부족이며, 사회 환경 변화에 따라 재정의 영향을 민감하게 받기 때문이다.

또한 도시가 팽창함에 따른 인구이동으로 중앙 아이막(도)에서 수도 변두리로 학교와 유치원이 늘었다. 울란바타르에 평균 5천 명의 아동이 전학해 오기에, 급증하는 인구이동과 낙후한 건물 보수로도 모자라 유치원과 초·중·고교, 기숙사, 체육관 신축 안을 성사시켜야 했다.[78] 몽골 국내 학교와 함께 학생 수 변화를 2008-2014년도 기간에서 보면 유치원은 매년 10퍼센트로 48퍼센트 증가한 반면 초·중·고교는 48.2퍼센트가 감소했다.

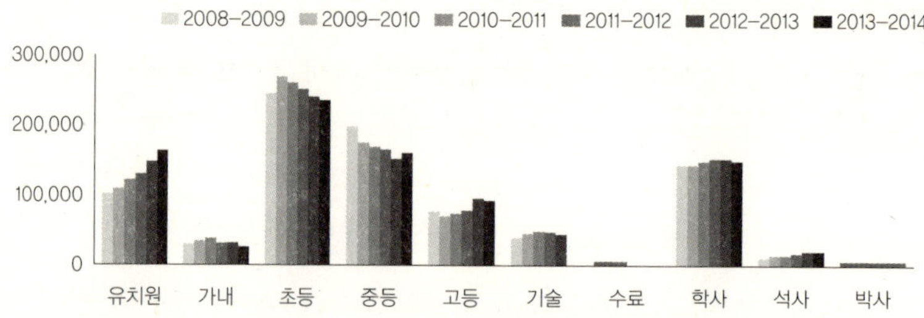

그림 8. 연도별 각급학교 학생 수 변화

2016-2017학년도에 5-19세(이상)에 해당하는 초·중·고 778개 학교의 학습자는 551,953명이다. 320만 인구의 17퍼센트 가량이 학습자인데, 대학생 157,138명을 합치면 704,191명으로 몽골 전체 인구의 22퍼센트에 해당한다. 수도 울란바타르의 초·중·고교 학습자는 226개 학교 233,545명으로 시 인구의 20퍼센트를 차지한다. 수도에 학습적령기인 학습자가 5명 중 1명꼴인데, 대학생과 교직원까지 합하면 인구의 30퍼센트를 넘게 된다. 국립학교의 경우, 모든 예산을 학생의 납입금과 국가 예산에서 충당하는데, 2018년 교육과학부 예산이 국가 전체 예산의 33퍼센트로 책정되어 있다는 점은 시사하는 바가 있다. 단, 아직은 교사의 임금이 낮고 학교 도서관이나 실습실 등도 열악한 편이다.[79]

표 23. 2016-2017학년도 학교와 학생 현황

	학교	학생
전체	778	551,953
국립	645	520,201
사립	133	31,752
수도	226	233,545
지방	662	318,150

유치원의 경우, 2016년에는 유아 인구에 비하여 시설이 절대적으로 부족하여 3만 명이 유치원에 다닐 수 없는 형편이었다. 시설을 대폭 증설해야 하는 과제를 안고 있었다. 초·중·고교의 경우, 학제가 늘어났으나 각 학년의 인원 감축에 따라 졸업자가 감소하여 대학 입학 정원이

미달하는 현상이 벌어짐으로 2016-2017학년도는 대학 간 입학생 유치 열기가 치열했다. 정원을 규정하지 않는 사태까지 벌어져 평균 입학 성적이 낮아질 수밖에 없었다. 몽골은 인구에 비해 대학입학 정원 밀도가 낮은 편이다.

그림 9. 2016-2017학년도 아동 미취학 사유

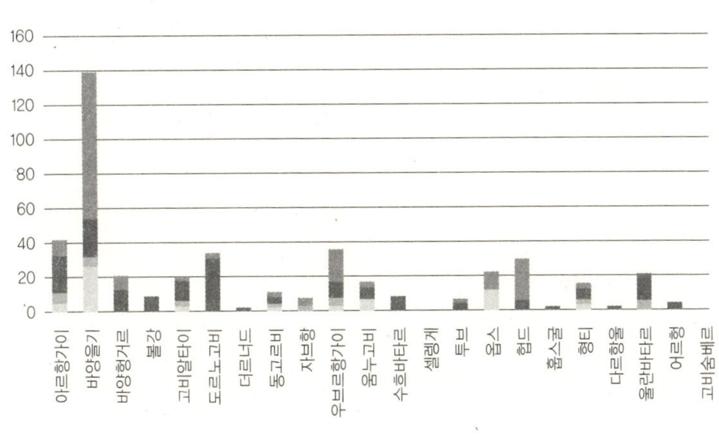

한편 미취학 아동들의 실제 상황을 보면, 가정형편과 학습의욕 부진, 질병 등으로 학교를 다니지 못하고 있다. 미취학 아동이 가장 많은 바양을기 아이막(도)의 경우 가정형편이 어려운 아동과 질병에 걸린 아동의 비율이 높다.

두 번째로 많은 도르노고비 도에도 가정형편이 어려워서 취학하지 못하는 아동들이 많다. 바양을기 도는 몽골 서쪽 끝 국경 지역으로, 오히려 몽골인이 외국인인 듯 카자흐스탄인이 20여만 명가량 사는 이슬람 지역이다. 이는 2012-2016년 교육정책안에서 학교 환경개선과 증설이 대폭 이루어져서인 듯하다.

한편 몽골 정부는 2012-2016년 업무 프로그램을 실현하는 목적으로 '올바른 몽골아이'[80]라는 민족교육 프로그램을 설정하여 교육과 재정이 서로 협력하도록 당시 교육과학부와 재정부 장관에게 지시하였다.[81] 이는 나라를 사랑하며 사는 방법을 아는 시민을 만들도록, 2008

년 12월 '천년 발전 목적에 따른 민족발전정책'을 마련하여 학습자 중심의 교육을 충족하고 사회적 요구에 부응한다는 목표 아래 세계화 속에서 문화적·사회적 관계 변화에도 적응 가능한, 경쟁력 있는 아이로 성장할 기회를 제공하려 했으며, 전통과 혁신을 결합한 아이 중심 활동을 모든 계층에 맞게 실현하려 한 것이다.

교육의 질로 보면 지방, 학교, 아동에 따라 다른데, 초등교육은 95.2퍼센트, 중등교육은 89.9퍼센트의 성취율을 나타내고 있지만 2010년 TPS/PIRS-2011 연구에 따르면, 8학년생의 수학, 자연 과목의 평균평가는 25.8퍼센트, 4학년생의 평균은 39.6퍼센트로 나왔다. 이는 교육의 질이 불충분함으로 그 정도가 매우 심각함을 말해 준다.[82]

이에 몽골 정부는 2012년도에 879개 유치원에 164,263명의 어린이가 다니고 있지만 2~5세 아동의 유치원 취학률이 68.4퍼센트여서 수요 충족이 되지 않음에 주목하였다. 그리고 여전히 교사 중심인 활동을 개선하고자 어린 유·초등 시기 아동부터 특기와 특성을 계발하며 건강하고 안전한 환경을 만들도록 지시하였다. 이를 위하여 국가지방예산에 적용함은 물론 국제기관, 기증, 대출, 프로젝트 지원 프로그램을 받아들이고, 재정을 감독하게 하였다. 많은 국제기관과 민간 NGO가 참여하여 이 교육개선안을 실현하도록 행정조치를 하였다.

일례로 'JCS' 등 서양 선교단체가 주도하는 도시환경정화 프로젝트를 마련하여 중·고교생들이 문제들을 풀어갈 수 있게 하기 위하여 선행학습을 시키고 자율적으로 이 문제 현장들을 조사·발표하게 하였다. CCC에서도 교사 개혁 프로그램[83]으로 교장에서 교사까지, 몽골 전체, 지방 혹은 구 지역을 중심으로 이들을 일정 시간 동안 소집하여 교육하며, 우수 학교들을 방문하게 하여 특이한 교육방법을 수용하게 했다. 지방 여러 영역의 기도제목들을 모아 함께 기도하며 그룹 성경공부를 하는 등 교육환경들을 개선하도록 적극적으로 활동하였다. 국제 NGO들이 연합하여 도시에서는 구를 중심으로, 각 지역으로도 퍼져 나가도록 각 영역의 교육도구를 매개로 지역민들을 전도하며, 특히 전수기술을 통하여 삶의 질을 개선하고 전문가들을 양성하는 데 힘써 왔다.

표 24. 2016-2017학년도 학습자 분포

분류	외국인	고아	유목민 자녀	성장 장애인
인원	629	2,384	157	8,362

한편 몽골 교육과학부는 2012-2016학년도에 세계적인 교육개발 추세를 따라 일반교육의 12년 교육 시스템을 충족하는 국가 표준과 커리큘럼, 몽골어, 수학, 자연과학 표준을 개발하였다. 교육의 사회적 요구를 충족하기 위하여 자립능력 부족을 해소할 수 있도록 모국어 표현 능력을 향상시키고, 문화와 전통을 학습하며 인내심과 책임감을 갖는 방향으로 교육 방안을 개혁하였다. 교육 과목도 기초와 필수 교육과목으로 구분하여 17과목에서 12-13과목으로 줄이되 아이들의 능력을 성장 발달시키는 교육방법론을 도입하고자 했다. 그리하여 사회질서와 개발에 필요한 요소들을 충족하는 교사훈련과 정기적인 진흥 시스템을 갖추기 시작한 것이다.[84]

이로써 외국 투자의 사립학교가 더 왕성하게 활동할 수 있는 계기를 마련한 듯하다. 몽골 정부에서 사립학교들에게 공교육 내실화와 한층 치밀한 교육 커리큘럼을 만드는 데 주력하도록 일부 책임을 지운 것이다. 국가 프로젝트로 영국 케임브리지 시스템을 국내에 들여와서 21개 도와 수도의 아홉 구를 중심으로 각 지역에 한 학교를 선정하여 이를 교육하고 실현하도록 하였다. 이 학교에 입학하려면 엄격한 시험을 거쳤는데, 국립학교인 이곳에서는 교사와 학생 모두 영어로 수업을 하며, 인성을 통합 계발하여 졸업 후에는 세계 각지로 유학이 가능하도록 선진교육을 주창하게 된 것이다.

한편, 몽골 유수 기업의 자본으로 대형 사립학교 설립이 증가하였다. 대부분 고액 등록금에 소수 정원이며, 교사 연봉제를 논할 정도로 실력 있는 교사를 채용하여 외국어와 수학·과학 교육 중심이되 동아리를 특성화하여 대중적인 선호도에 따라 전문교육을 하여 학생의 역량 신장과 해외유학 선점에 주력하고 있다.

표 25. 취학 전 장애아동 수(2009-2013학년도)

연도 \ 종류	시각	청각	언어	정신	신체	복합
2009	177	67	315	119	261	217
2010	188	70	307	121	315	224
2011	182	60	256	114	302	247
2012	225	59	232	110	354	290
2013	246	71	242	118	389	302

가내 유치원을 포함하여 취학 전 아동 가운데 시각과 신체, 복합 장애아동이 해마다 증가하는 편이나, 청각과 신체장애 측면에서는 증가와 감소를 반복하고 있다. 신체장애, 언어장애, 복합장애등의 양상은 아래 표와 같이 나타나고 있다.

표 26. 유·초·중·고교 장애아동 수(2009-2013학년도)

연도 \ 종류	시각	청각	언어	정신	신체	복합
2009	10,200	4,000	3,100	1,900	2,500	1,200
2010	6,800	3,200	3,100	1,500	2,200	1,300
2011	6,900	3,300	3,100	1,500	2,200	1,300
2012	7,500	2,800	2,600	1,500	2,100	1,500
2013	7,200	2,100	2,300	1,300	2,000	1,300

초·중·고교에서 장애아동은 유치원에 비하여 비교적 감소하는 편이나 취학 비율로 볼 때, 시각 장애자의 비율이 가장 높고, 그다음으로는 청각과 언어 장애로 나타났다. 이러한 아동들을 대상으로 특수교육하는 학교가 각 구마다 있는 편인데, 사립유치원은 농아 아동을 대상으로 하는 '아기곰'이 있다.[85]

표 27. 수도 지역의 장애아동 내역(2016-2017학년도)

종류	맹아	농아	언어지체	정신지체	신체장애	복합
인원(명)	863	409	4444	521	403	592

2016-2017학년도의 경우 초·중·고교 226개 학교에 평균 3,232명이 재학하고 있다. 무엇보다도 초·중·고교 공교육에서 가장 열악한 교육 상황을 꼽는다면, 수도 안에도 몇몇 학교는 4부제가 있다고 하나, 3부제 학교가 31학교 221학급으로 8,701명의 학생이 있다는 점이라 할 것이다.[86] 초교 1-2학년은 35분, 초교 3학년부터는 40분 수업이어서 수업시수가 부족한 편이다.[87] 이는 2017-2018학년도에 3부제가 감소함에 따라 차츰 완화될 전망이다.[88]

한편 고등교육에서는 석사학위 취득률과 교육대학 수준을 높이고 학습 수혜자의 관심과 재능 여부로 합격을 가릴 수 있도록 교육부에서 관리 시스템을 제공하면서 교육환경을 대폭 개선하고 있다. 교사, 교육감독자의 전문성 향상을 요구하여 평가와 해결, 실험수행, 연구개발을 위한 비정부조직을 지원하기에 이르렀다. 대중매체와 웹사이트, 동아리, 그룹 활동으로 시민들이 감독하거나 교사 상여금을 지불하는 등 법적 환경을 마련하였다. 또한 독서활동을 지원하는 출판, 교실, 가정, 이동도서관을 운영하는 시민, 정부, 시민사회단체 등을 지원하여 이를 활성화하도록 독려하였다.[89]

고등교육의 학교 수는 5기관 혹은 5퍼센트 가량 감소하였다.

이는 국립의 경우 유라시아, 리베르티, 상하이 대학 들에서 설립한 게게, 이흐쉐브 기술전문대학 등이 2016-2017학년도에 운영이 이루어지지 않았고, 구렝 대학이 외국 자본으로 설립한 대학과 카자흐스탄 대학교가 바양을기에 세운 대학교가 운영을 멈추었기 때문이다.

단일학교로 볼 때, 고등교육에서 95개 학교의 32.6퍼센트는 종합대학이며, 60퍼센트는 단과대학이고, 3.2퍼센트는 기술전문대학이다. 4.2퍼센트는 외국 투자 대학이다. 전년도와 비교하면 종합대학은 6개 혹은 24퍼센트가 증가하였고, 단과대학은 7개 혹은 10.9퍼센트, 기술전문대학은 3개 혹은 50퍼센트, 외국 투자 대학은 1개 혹은 20퍼센트가 각각 감소하였다.

몽골 국내 종합대학에서 17개(76.5퍼센트)는 종합대학이고, 3개(17.6 퍼센트)는 단과대학이며, 1개(5.9퍼센트)는 기술대학이다. 그런데 사립의 경우, 75개 대학 가운데 18개(24.3퍼센트)는 종합대학이고, 55개(73퍼센트) 는 단과대학이며, 2개(2.7퍼센트)는 기술전문대학으로 운영되고 있다, 이 를 전년도와 비교하면 국립의 경우 종합·단과 대학에 변화가 있었다. 이는 앞서 말한 운영을 멈춘 단과대학 외에 5개 학교의 조직이 바뀌었 기 때문이다. 예를 들면, 재정, 경제 대학, 인문대학 부속인 에르뎀 대학, 시히호톡 법과대학이 종합대학으로, 기자 기술전문대학이 단과대학으 로 각각 승격하였다.

최근 5년간 대학의 체제와 범위가 대부분 변하였는데, 이는 국립 이나 사립이 같다. 이 기간에 사립종합대학은 17개에서 31개로 늘었고, 반대로 국립기술대학은 19개에서 3개로 줄었다. 이는 국립종합대학으 로 합병하고 대학이 대형화하면서 사립종합대학에 학생들이 몰리며, 특 히 전공 실력을 살리고 단과대학도 활성화하는 방향으로 나아감으로써 기술전문대학이 감소하는 데서 알 수 있다.

표 28. 대학교 현황(2001-2013).

연도 \ 종류	대학	국립	사립	외국 분교	평가공인학교
2001–2002	178	*	130	7	*
2002–2003	185	42	136	7	58
2003–2004	183	48	128	7	68
2004–2005	184	49	129	6	85
2005–2006	180	49	125	6	88
2006–2007	170	48	116	6	88
2007–2008	162	47	109	6	91
2008–2009	154	48	101	6	86
2009–2010	146	42	99	5	86

2010–2011	113	16	92	5	68
2011–2012	101	15	81	5	68
2012–2013	99	15	79	5	**

　　95개 대학교에서 87개는 울란바타르에 있고 8개는 지방에 있는데, 전년과 비교하면 울란바타르에서 4개, 지방에서 1개 대학이 감소한 셈이다. 국립의 경우, 민족의학대학교가 3개, 몽골 국립대가 2개, 몽골 교육대학교, 문화대학교, 홉드 대학교, 과학대학교, 기술대학교가 각각 2개씩의 분교가 있다. 사립의 경우, 인문대학교, 번영대학, 에투겡 대학교가 2개, 노동·사회관계 대학 등 10개 대학의 분교가 지방에 있다.

　　2016-2017학년도 고등교육기관의 학생 수가 157,138명이 되어 전년도에 비해 5,488명(3.4퍼센트)이 감소했다. 국립에 3,235명(3.4퍼센트), 사립에 2,201명(3.3퍼센트), 외국 투자 대학에 52명(16.4퍼센트)이 각각 감소했다. 이는 국립이든 사립이든 외국 투자 대학의 학생 수가 지난해 수준임을 보여 준다. 총학생 수에서 91,798명(58.4퍼센트)은 국립, 65,075명(41.4퍼센트)은 사립이며, 265명(0.2퍼센트)이 외국지부대학에서 배우고 있다. 대학 총학생 수의 84.5퍼센트는 종합대학에, 15.1퍼센트는 단과대학에, 0.3퍼센트는 기술전문대학에, 0.2퍼센트는 외국대학에서 배우고 있다. 종합대학교의 경우, 학생 수가 국립 대학교가 2,758명 감소하고, 사립 대학교가 13,075명 증가했다면, 단과대학은 국립에서 413명, 사립에서 15,163명이 각각 감소했다. 이는 종합사립대학을 선호하는 것을 나타내며, 대학의 특수성에 따라 경쟁력을 높여 가고 있기 때문인 듯하다.

　　이 가운데 총학생 수에서 143,684명(91.4퍼센트)은 수도 울란바타르 지역, 13,454명(8.6퍼센트)은 지방 소재 대학의 학생이며, 전년도에 비하여 수도에 학생 수가 4,393명, 지방대학의 학생 수가 1,095명 감소하였다고 볼 수 있다.

　　2016-2017학년도의 95개 종합·단과 대학은 주간, 야간, 계절 학기 체제로 운영하고 있다. 88.4퍼센트는 주간, 2.7퍼센트는 야간, 8.9퍼센트가 계절학기 강좌로 각각 운영하고 있는데, 전년도와 비교하면 주

간이 야간강좌에 비해 0.1퍼센트포인트 감소했고, 야간강좌는 0.1퍼센트포인트 증가하였다. 이 수로 보면 5,488명 가운데 주간에 4,813명, 야간에 294명, 주말과정에 381명이 각각 감소한 것으로 볼 수 있다. 이 해에 총 학생이 5,488명 감소했는데, 학사과정이 7,073명 감소하고 석사과정이 1,061명, 박사과정이 524명 증가하였다. 이 감소는 학사 주간강좌에 6,083명으로 나왔다. 이는 단과대학 수가 감소하였기 때문이다.

그러나, 야간강좌에서 학사과정은 3.1퍼센트, 석사과정은 0.4퍼센트 늘어났으며, 계절강좌의 경우, 학사과정은 7.4퍼센트, 석사과정은 16.3퍼센트, 박사과정은 19.6퍼센트가 각각 늘어났다. 최근 계절 혹은 주말 강좌 과정에 석·박사과정 학생들이 대폭 늘어나고 있는데, 사회의 요구는 물론 직장인들의 학위취득 욕구에 따른 대학원의 교육공급이 가능해졌기 때문이다.

대학의 학습자 전공에서 1순위는 사회경제계열이며, 2순위는 기술이며, 3순위는 교육이다. 농업이 가장 낮은 순위로 나타나는데, 이는 급성장하는 몽골이 산업화를 거치지 않고 자본경쟁사회로 진입하는 시기에 놓여 있기에 경영기술과 경제, 재정 능력을 확보할 수 있는 직종을 선호하기 때문으로 보인다. 이들이 자본시장의 자유경쟁체제가 왕성하게 일어나는 시기에 자라났기에 향후 경제적으로 안정되고 자신의 능력을 발휘할 수 있는 삶을 지향하게 된 듯하다. 또 한편으로 국가의 교사진흥정책으로 교사교육을 활성화하고 있으며, 실력 있는 교사를 우대하려는 교육 시스템이 이들을 움직인 것이다. 교육대와 사범대의 장학제도가 대폭 확대되었으며, 교육자원이 개선되어 초·중·고교 교육환경의 활성화 또한 한몫하고 있는 것으로 보인다.

표 29. 대학 전공 내역(%. 2007-2013학년도)

연도 \ 전공	교육	인문	사회·경제	자연	기술	농업	의학	기타
2009–2010	12.3	8.6	35.8	7.0	17.1	2.8	9.8	5.6
2010–2011	18.2	8.7	34.5	7.0	17.6	2.9	10.6	5.5
2011–2012	13.0	8.6	35.8	6.9	18.9	3.1	9.2	5.1

| 2012–2013 | 12.6 | 7.8 | 34.8 | 6.7 | 19.2 | 3.5 | 10.0 | 5.6 |
| 2013–2014 | 12.6 | 7.1 | 34.6 | 6.6 | 19.5 | 3.3 | 11.0 | 5.4 |

(4) 몽골의 교육선교

1990년대 개방 초기 몽골에는 교육 분야에 서구 선교사 22명과 한국 선교사 2명이 입국하였다고 한다. 비자의 어려움이 있었던 만큼 학생비자로 입국하거나, 목회자이거나 전문인이거나 관계없이 현지에 알맞은 환경을 만들어 가기 위하여 사역을 하면서도 자신을 계발해 가기 위하여 다양한 관점과 방법으로 교육에 접근하여 선교적 교육을 이루려 하였다. 유치원, 중·고교를 인수하거나 컴퓨터, 운전 학원, 기술학교 등의 단기교육이 현지의 요구였는데, 이를 충족하기 위한 교육이 여러 단계와 방법으로 이루어졌다. 한국어, 영어, 일본어, 법학, 경영학 등에서 전공 분야 교사, 교수가 절대 부족한 상황이었다. 몽골선교 초기 교육선교와 관련된 대표적인 활동을 아래와 같이 표로 정리한다.

표 30. 외국어, 성경 교육 관련(선교사) 활동

	제목	추진인	시기	비고
1	영어(국제)예배	영국 선교사 존 기브슨	1991. 2	인터내셔널교회/에르트네트
2	비전트립	한기총, LA충현교회		+World concern, 소망교회
3	ELI영어교육 시작	미국 전문인	1992	영어교육 학원 활동
4	UB국제학교/ISU	서양 선교사 중심		영어권 사립학교 교육
5	몽골 성경훈련원 설립MMTI	천**		성경과 영어, 전도법, 세계 선교
6	농아학교 설립	네이드바르 교회	1993	교회 개척과 특수학교 설립
7	선교협력기구/JCS	서양선교단체(9)		지방대학 영어 강의, 컴퓨터 외
8	NLM설립 활동	루터교회	1994	교회 개척, 지도자 지원, 성경공부 외
9	교회학교지원센터	루시 선교사 도움		어린이선교, 교사정기교육, 강습회
10	연합성경훈련원	선교사 연합	1995. 9	현 UBTC 전신 / 8인 이사회
11	감리교성경학교 개교	감리교	2003. 11	감리교선교사 연합

12	예배인도자학교 시작	다리놓는사람들	2004	UB대학과 닉뚜게르교회
13	몽골 교회연합 교사강습회	한인 선교사 연합		교회학교 교사교육
14	장로교신학교 개교	장로교(합동)	2005. 8	UBTC와 부분 분리
15	몽골 교회음악연구소 설립	손**	2006.	몽골 찬양과 전통음악 복원 사업
16	몽골주일학교교사대회	몽골복음주의협의회	2012. 9	몽골선교 20주년 기념사업 일환

위 표에서 보듯이 선교 초기부터 20여 년간, 외국어와 성경, 예배, 찬양자 학교로 두드러지게 활동하였음을 알 수 있다. 선교사 개인에서 출발하여 교회, 교단이 연합하여 선교적인 교육을 이루어 온 것이다. 모두 교회를 이루는 각 요소로서 성경적인 교육과 더불어 진정한 예배자를 세우는 데 필요한 제자들을 양육하는 프로그램들이라 할 수 있다.

몽골의 교육선교에서 선교단체뿐만 아니라 개인이 지방에 가서 20년 가까이 교육사역을 한 경우도 있다. 미국인 선교사 B는 몽골 서부 흡드의 지방에 가서 영어교사로 10년 이상 활동하였고, 지금도 도교육청 자문위원으로 활동하고 있다.

교육선교 분야에서는 한국 선교사들의 활동이 서구 선교사들의 활동에 비해 크게 두드러졌다. 한국 선교사들에 의하여 국제 울란바타르 대학교, 몽골 국제대학교, 후레 대학교 등의 대학교와 많은 기독교학교가 세워졌다. 한국 선교사들에 의한 교육선교 활동은 3장에서 자세히 다루도록 한다.

5) 사회개발

몽골선교 초창기부터 현재까지 이루어지고 있는 사회개발선교에는 구호와 개발 분야, 사회적 약자 보호, 농업 분야 등이 포함된다.

1990년대 초 민주화된 이후 소련으로부터 모든 지원과 원조가 중단되면서 몽골은 사회·경제적으로 많은 어려움을 겪었다. 그리고 전 세계적인 기상이변의 영향으로 자연재해가 반복적으로 발생하여 큰 어려움을 겪었다. 이때 동·서양의 거의 모든 선교사들과 단체들이 몽골을 돕는 데 팔을 걷어 붙였다.

　　지금까지 몽골선교의 사회개발 분야에서 가장 크게 활동한 대표적인 기관은 '월드비전(World Vision)'이다. 월드비전은 자신들의 몽골 사역의 역사와 사역 방향에 대해 다음과 같이 소개하고 있다.

　　월드비전은 1993년 고비알타이 아이막에 겨울재해를 당한 주민들에게 '월드비전 아시아태평양 지역'에서 구호를 실시함으로 몽골에서의 첫 번째 사역을 시작하였다. 1995년 7월 몽골 법무부에 공식적으로 법인 등록을 하고, 대표부를 울란바타르에 개소하였다. 세계 월드비전 국제비영리단체는 "변화를 위한 종합발전"을 지향한다. 이는 어린이들을 대상으로, 지역에 기반을 두고, 안정된 환경을 만들어주는 종합적인 형태이다. 그리고 우리 기관은 유엔의 어린이인권 선언의 조항들을 공식적으로 받아들이고, 유엔이 제정한 "어린이들에게 적합한 세계선언", "어린이를 위해 '예스'라고 말합시다" 운동을 만들어 제안한 기관 중의 하나이며, 유엔어린이재단에 비정부기관 회원으로 참여하고 있다. 이와 같이 유엔의 어린이인권 분야의 회의를 조직하는 위원회에 공식적으로 참여하며, 스위스 제네바에 있는 자원단체의 국제위원회의 회원기관이다.[90]

　　현재 몽골 월드비전은 수도 울란바타르의 7개 구 지역과 지방의 17개 도에서 총체적인 아동결연, 지역사회 개발, 구호 등의 사역을 하고 있다. 현재 400여 명의 직원이 활동하고 있으며, 연간 재정 규모는 2천만 달러에 이른다.[91]

　　몽골 월드비전은 몽골의 1인당 국민소득이 5천 달러에 이르고, 몽골 경제가 빠른 속도로 발전하고 있으므로 몽골에서의 사업들을 마무리하는 단계에 있다. 몽골 월드비전은 2017-2020년 사이에 시행할 주요 사업과 울란바타르에서 실시할 사업에 대해 다음과 같이 설명하고 있다.

　　월드비전은 새로운 전략의 협력 차원에서 2017-2020년 사이에 시행할 "종료 방법론-600", "지방의 어린이 보호", "어린이를 위한 지방" 사업을 시작하는 행사를 울란바타르시, 울란바타르 가정어린 이청년발전국과 함께 조직하였다. 월드비전 몽골 국제기관은 1995년부터 사업을 시작하였고, 보건, 교육, 어린이 보호, 가정의 경제와 삶의 질을 개선하는 사업들을 실시하였으며, 이 사업들을 통하여 변화를 일으키고, 빈곤을 감소시킬 목적으로 16개 지방의 발전 사업과 2-3년간의 단기 사업들을 시행하고 있다. 몽골 월드비전이 2017-2020년 울란바타르에서 시행할 사업은 바양주르흐, 성긴하이르항, 항올 구에서 추진하며 전체 1,100가정의 4천여 어린이들이 혜택을 받게 된다.[92]

몽골의 사회개발 분야에서 다양하게 활동하고 있는 또 다른 중요한 단체는 연합선교단체인 'JCS International'이다. 동·서양 여러 선교단체들과 선교사들의 컨소시엄인 이 단체는 개개인을 육체적, 영적, 지적으로 후원하고 그들의 삶과 공동체를 향상시킬 목적으로 세워졌으며, 몽골인들의 가정과 교회, 공동체를 회복하고 재건하는 데 비전이 있다. 현재 15개국 12개 선교단체(InterAct, JACC, Mennonite Mission Network, OMF International, SIM, Team Expansion, WMPL, World Partners, World Venture, YWAM) 선교사들이 소속되어 있다.

JCS의 주요 사역 분야로는 농업, 건강, 교육, 행정, 사업, 영어교육, 청년 사역, 구호 사역으로, 몽골의 다양한 지역에서 사역이 진행 중이다. 현재까지 완료된 사역으로는 장애우 돌봄, 공기청정사업, 환경재건사업, 언어교육, 건강, 파파 카페, 무지개유치원, 기숙사 프로젝트, 축구클럽 등이 있다. 그리고 현재 진행 중인 사역으로는 알타이 지역 빈곤가정 후원 사역, 중독상담센터, 건전하고 건강한 청년으로 성장시키기 위한 하키·아이스 스케이트·축구 등의 모임, 헨티와 바양헝거르 그린하우스(건강한 삶을 위한 채소 기르기) 등이 있다.[93]

현재 JCS 선교사들이 사역하고 있는 단체들은 Agricultural Innovations Development NGO, Mongolia Asia Reach NGO, F.A.R.M NGO(Kitchen Garden Project), Mongolian National University of

Medical Sciences, Family Blessings NGO, Mongolia International University(MIU), Flourishing Futures NGO, Mongolian Theological Education by Extension, Future Calling NGO(UB United), Noble Eagles NGO, HAB NGO Bayankhongor, Oyunii Tuv Elementary and Secondary School, Hope Centre Erdenet, Palace of Hope NGO under the Bethel Center, Hope Hospice LLC, Streams in the Desert Project, Jesus Assembly Erdenet, TV10 LLC Bayankhongor, MEA, Union Bible Theological College, MECC, V.E.T. Net Mongolia NGO, Medical College Gobi-Altai, Vision Eye Centre, MINA NGO and Credit and Savings Cooperative, World Vision Mongolia, MMC Erdenet, YWAM Bayankhongor 등으로 30여 단체나 된다.[94]

그리고 국제적인 선교단체 'WEC'도 몽골에서 구호, 공동체 발전, 교육 프로젝트 등의 사역을 전개하고 있다.

노르웨이 루터란 미션(NLM)은 몽골 서부 지방에서 활발한 지역사회개발 활동을 벌이고 있다. 1997년부터 몽골에서 사역을 시작한 이 단체는 사역 초창기 10년은 울란바타르, 셀렝게, 다르항올 등을 중심으로 활동하였고, 2007년부터 홉드 지역과 서부 지역으로 비전을 확장하였다.[95] 현재 본부를 홉드에 두고 홉드, 바양얼기 등 몽골 서부 지역의 사회개발 분야에서 활발하게 사역하고 있다.

한국 선교사들의 사회개발 분야의 선교 상황에 대해서는 3장에서 구체적으로 다룰 것이다.

6) 대학생선교

몽골선교 초창기부터 청년, 대학생들을 대상으로 대학생선교가 활발하게 진행되었다. 몽골에 복음의 문이 열린 직후부터 국제대학생선교회(CCC)를 비롯하여 한국의 대학생성경읽기선교회(UBF)가 대학생선교를 시작하였다.

몽골 대학생선교의 선두주자는 서구 선교사들이 시작한 국제대학생선교회(Campus Crusade for Christ)로, 대학생선교뿐만 아니라 예수 영화

상영, 전문인 제자훈련 등의 분야에서도 몽골선교에 가장 큰 영향을 끼친 단체 중의 하나가 되었다. 1991년에 'International Films'라는 기관을 세워 사역을 시작한 대학생선교회는 제일 먼저 누가복음에 기초한 영화 〈예수〉를 몽골어로 번역하는 작업을 시작하였다. 1992년 1월 11일 울란바타르에 있는 세 극장에서 영화 〈예수〉 시사회를 열고 2,500여 명에게 영화를 보여 주었다. 그 후 1992년에서 1998년 사이에 250명 이상이 사는 모든 도시와 마을에서 이 영화를 상영하였고, 2012년말까지 연인원 1,809,717명의 몽골인에게 이 영화를 보여 주었다. 몽골 대학생선교회는 몽골선교 초창기 20년 동안 몽골 전체 인구의 60퍼센트가 넘는 엄청난 규모의 몽골인에게 영화 〈예수〉를 통하여 복음을 전하는 괄목할 만한 성과를 남겼다. 영화 〈예수〉는 몽골인들에게 복음을 전하는 가장 효과적인 수단이 되었으며, 몽골 지방 곳곳에 찾아가서 영화를 좋아하는 몽골인들에게 영화를 매개체로 복음을 전하였다.

2012년에는 몽골 대학생선교회의 현지인 지도력 이양이 이루어져 바트도르찌가 몽골인 최초로 대표가 되었다. 몽골 대학생선교회는 현재 대학생, 교사, 의사, 운동선수, 청소년, 교회, 유목민, 장애인, 비즈니스 종사자 등 총 아홉 사역 분야에서 활발하게 활동을 펼치고 있다.[96]

한국 선교사들이 시작한 대학생성경읽기선교회(UBF), 한국기독학생회(IVF), 학생신앙운동(SFC)의 대학생선교에 대해서는 3장에서 자세하게 다루도록 한다.

7) 성경 번역, 출판 선교

몽골어 성경 번역의 역사는 수백 년에 이른다. 이는 역사적인 사실로, 2016년 몽골 연합신학교(UBTC)에서 몽골어 성경 번역 710주년, 신구약 성경 완역 출판 170주년을 기념하여 신학 저널을 출판한 것에서도 알 수 있다. 처음에는 고대 몽골어로 번역되었고, 근대에는 부랴트 몽골어로, 현대에는 키릴문자를 사용한 몽골어로 번역되었다. 이 저널에서 가람체렝 바야르자르갈은 〈몽골인들의 기독교 신앙과 성경의 몽골어 번역의 역사적 개요〉라는 소논문에서 1980년 이후 현대 몽골의 공식문자로 사용되고 있는 러시아 키릴문자로 된 몽골어 성경 번역의 역사를 소개하였다. 몽골어 성경 번역에는 영국인 존 기븐스 선교사, 일본인 아키히데 기타무라, 몽골 성경번역위원회가 많은 공헌을 하였는데, 이를 요약하여 정리하면 아래 표와 같다.[97]

표 31. 몽골 성경 번역의 역사

연도	번역자	성경 번역 개요
1990	존 기븐스	– 1972년, 몽골 국립대에서 몽골어를 공부하면서 마가복음 번역 시작 – 영국으로 귀국한 뒤에도 신약 번역 계속 – 1989년, 신약 번역 완성 – 1990년, 홍콩에서 신약 출판
1998	아키히데 기타무라	– 1980년부터 성경 번역 – 1983년, 요한복음 출판 – 1998년 신약을 완성, 출판(의미 위주 번역). – 2005년 신약 개정판 출판 – 2016년, 신·구약을 완역하여 《새번역성경》 출판
1996 2000	몽골 성서 번역위원회	– 1993년부터 성경번역팀 편성(미국, 일본, 한국, 스위스, 몽골인으로 구성) – 1995년, 요한복음, 마가복음 – 1996년, 신약 완역, 출판 – 2000년, 신·구약 완역 출판 – 2014년, 신·구약 수정판 출판

절대 다수의 몽골 교회가 공인하는 '몽골 연합성서공회(Mongolian Union Bible Socirty)'는 자신들의 성경 번역의 역사를 다음과 같이 소개한다.

몽골 성경번역위원회는 1993년에 시작되어 1996년에 신약성경을, 2000년에는 성경 전체의 번역을 마치고 성경을 출판하였다. 이후 조금씩 수정하여 2004년에 개정판을 출판하였다. 2006년부터 공식적으로 몽골 성서공회에서 앞선 번역성경을 심도 있게 수정하는 팀과 국제적 규모의 자문위원들, 신학과 감사팀들, 몽골 연합성서공회의 이사회와 국내외 독자와 관심자 등을 대상으로 여러 차례의 모임과 토론을 하고, 개인 면담을 통해 의견과 자문을 받아서 성경연합공회(UBS), 언어과학기관(SIL) 등과 연합하여 개선된 성경 번역 기술을 활용하였다. 그리고 번역할 성경의 기초 원본은 새미국기준

성경(NASB)이었던 것을 이번에는 자문위원회가 권고한 대로 새 수
정 기준 번역본(NRSV)으로 변경하였다.[98]

1990년 복음의 문이 열린 지 10년밖에 되지 않은 2000년에 세 종
류의 신약성경 번역본과 신·구약성경 완성본이 몽골어로 번역, 출판되
었다. 이는 몽골 기독교의 빠른 성장에 중요한 역할을 하였다.

그리고 몽골에서는 성경뿐만 아니라 여러 선교단체와 선교사들이
기독교 서적을 저술하거나, 번역·출판하는 일에 많은 관심을 기울였다.
몽골선교 20주년 기념대회에 따르면 2011년 현재, "성경과 관련한 600여
도서가 번역·출판되었고, 몽골인 그리스도인들이 펴낸 책도 20여 권에
이른다"고 보고되었다.[99] 이후 현재까지 몽골의 기독교 출판 분야는 질
적·양적으로 비약적으로 발전하고 있다. 성경 개론서들, 묵상집, 간증
집, 어린이 신앙 도서, 가정 사역 관련 도서 등 기독교 도서뿐만 아니라
신학교 교재와 주석 등도 번역·출판되고 있다.

한국 선교사들도 성경을 번역하는 일과 기독교 문서 번역 및 출
판에 많은 공헌을 하였는데, 이에 대해서는 3장에서 구체적으로 살펴보
게 될 것이다.

8) 비즈니스선교

현대 선교에서 비즈니스선교의 중요성이 점점 커지고 있다. 전 세
계 대부분의 선교지에서 전통적인 복음전도와 교회 개척 중심의 직접
적인 선교가 점점 어려워지고 있어서, 목회자 선교사들이 들어갈 수 없
는 지역이 점점 늘어나고 있다. 그리고 선교지 현지 교회와 그리스도인
들이 경제적으로 외부의 도움을 받지 않고 자립하기 위한 방편으로 비
즈니스선교의 필요성이 커지고 있는 것이 사실이다.

몽골선교 초창기에는 비즈니스선교가 여의치 않은 환경이었지만
2000년 이후 비즈니스선교가 행해지고 있다.

서구 선교사들 가운데는 JCS International이 울란바타르 시내 중
심에 최초의 기독교 카페인 'Papa'를 열어 현재까지 10년 이상 안정적

으로 운영하고 있다.

그리고 인도에서 온 선교사들은 울란바타르 서부 외곽 빈민지역인 '톨고이트' 지역에서 알콜 중독자와 생활부적응자 등을 치료하기 위해 세차장 등을 운영하면서 비즈니스와 선교를 접목하여 성공적인 사역을 펼치고 있다.

한국 선교사들도 테렐지 국립공원에 캠프 운영, 식당 체인점 운영, 카페 운영 등으로 비즈니스선교를 하는 가정들이 있는데, 이에 대해서는 3장에서 더 자세하게 살펴보기로 한다.

9) 스포츠선교

스포츠선교 분야에서도 동·서양 선교사들과 단체들에 의해 다양한 활동이 펼쳐졌다.

15개국 12개 선교단체들로 결성된 대표적인 몽골의 선교사 연합체 JCS는 지금까지 스포츠 사역을 활발하게 펼치고 있다. 청소년들을 대상으로 하는 '축구 클럽'을 만들어 스포츠선교를 하였으며, 현재도 하키, 아이스스케이트, 축구 등의 스포츠 클럽을 통하여 청소년들을 대상으로 사역을 하고 있다.[100]

스포츠를 통한 선교에서는 한국 선교사들의 활동이 두드러졌다. 탁구, 축구, 농구, 배구를 통하여 스포츠 스타들과 감독들과 관심 있는 사람들이 선교 활동을 펼쳤는데, 3장에서 구체적으로 살펴보게 될 것이다.

10) 해외선교 활동

몽골은 선교사들이 왕성하게 활동하는 선교지이지만 몽골 교회와 선교사들은 선교하는 몽골 교회가 되기 위하여 노력하고 있다.

한국 기독교의 역사를 살펴보면 한국 선교 초창기부터 해외선교를 시작한 것을 알 수 있다. 박기호는 "한국 장로교회의 경우 미국으로부터 첫 주재 선교사를 받은 지 28년 만에 중국 산동 성에 선교사를 파송하였다. 이것은 하나님께 대한 감사의 표현이었고 한국장로교회총회

조직을 기념하기 위한 것이었다"고 설명하고 있다.[101]

몽골 교회는 본격적인 현대 몽골선교가 시작된 지 11년 만에 몽골 북쪽 부랴트몽골족이 사는 러시아 부랴트 자치공화국으로 선교사를 파송하였다. 2002년 9월 몽골 연합신학교를 졸업한 렌칭오치르 가정이 선교사로 파송 받아서 2010년 질병으로 귀국하기까지 8년 동안 선교 사역을 감당하였다. 이후 몽골 교회는 중국과 러시아는 물론 아프가니스탄과 중동 지역까지 선교사를 파송하였고, 선교 제한 지역 국가들에도 선교 사역의 지경을 넓혀가고 있다.

이대학·전용덕이 '몽골선교 20주년 기념 백서'에서 "몽골선교에서 선교몽골로 향하기 위한 비전"이라고 밝힌 자료와 다른 자료들을 토대로 몽골 교회의 해외선교를 정리하면 아래 표와 같다.[102]

표 32. 몽골 교회의 해외 선교 활동

선교지역	선교사와 선교 활동 내역
러시아	− 2002년, 렌칭오치르 선교사 가정, 부랴트 공화국에서 사역 (2010년 이후 한국에서 선교 사역) − 2003년, 오르나 선교사, 투바 공화국에서 2년간 사역 − 2006~2014년, 오윤체체크 선교사, 이르쿠츠크에서 7년간 사역 − 2009~2017년, 보유나 선교사, 이르쿠츠크에서 사역 − 2010~현재, 바르 선교사, 울란우데 사역 − 2011~2013년, 어트거 선교사, 알타이 공화국에서 사역 − 2012~2017년, 촐몽 선교사, 칼미크 공화국에서 사역 − 2013년~현재, 나랑고 선교사, 이르쿠츠크에서 사역 − 2015년~현재, 예수전도단 아리오나 선교사, 이르쿠츠크 사역 − 2016년~현재, 오랑 선교사, 울란우데 사역
중국	− 2005년 이후 내몽골에서 다수 몽골 선교사들이 사역하고 있음. 에르뜨네트의 몽골선교센터에서 내몽골에 선교사 파송 − 2015년 이후 신장 지역에서 몽골선교사가 사역 − 현재, 몽골족이 거주하거나 티베트 불교 지역, 몽골 선교사 사역
세계 타 지역	− 2005년부터 몽골선교센터에서 아프가니스탄에 선교사 파송 − 2007년~2009년 몽골 선교사가 이란에서 사역 − 2008년 몽골 선교사가 예멘에서 1년간 스포츠 전문인 선교 사역 − 2007년 이후 선교제한국가 N 지역에서 몽골 선교사가 사역

몽골 교회의 자생적인 해외선교단체로 몽골선교센터(Mongolia Mission Center), 몽골선교협력(Mongolia Mission Cooperation) 등이 조직되어 몽골 교회의 활발한 해외선교 활동을 이끌고 있으며, 몽골 예수전도단

도 해외선교에 적극적으로 활동하고 있다. 그리고 몽골 교회의 대표적인 연합단체인 '몽골 복음주의연맹' 내에도 해외선교의 연합과 협력을 위한 '해외선교위원회'가 조직되어 있다.

3. 몽골선교에 대한 평가

지난 27년 동안의 몽골선교는 하나님의 놀라우신 축복이요 기적이었다고 할 수 있다. 단 한 명도 기독교인이 없었고, 단 한 교회도 없었던 몽골 땅에 수만 명의 신실한 기독교인이 생겨나고 수백 교회가 세워졌다.

마르꾸 제링은 1990년 이후 몽골 땅에서 일어난 복음의 부흥을 '몽골에서 일어난 기적'[103]이라고 부르기를 주저하지 않는다.

몽골 국립대학교 교수인 다와수릉은 "기독교는 몽골에 '주님의 교회'라는 이름으로 1990년 10월 7일부터 시작하여 주일마다 모이는 조직화된 사역을 시작함으로 짧은 시간에 아주 빠르게 성장하였으며, 1천여 교회가 거의 모든 도와 도시의 지교회, 본교회를 구성하여 불교와 경쟁할 정도로 성장하고 있다"고 몽골 기독교의 급속한 성장을 설명하고 있다.[104]

실로 지난 27년 동안 몽골 기독교의 놀라운 부흥은 하나님이 몽골 땅에 이루신 기적이요, 하나님의 전적인 은혜이자 그분의 섭리이다. 그리고 하나님의 부르심을 받은 동·서양 선교사들과 몽골 현지인 지도자들이 연합하여 눈물로 복음의 씨를 뿌린 수고와 헌신의 열매라는 사실도 간과해서는 안 된다.

그러나 몽골선교는 완성된 것이 아니며, 몽골 교회나 선교사들이 결코 완전하지는 않다. 2011년 몽골선교 20주년을 기념한 후부터 몽골 교회는 성장하는 것이 아니라 다소 감소하거나 퇴보하는 경향을 앞선 몽골 복음주의연맹의 조사 결과를 통해서도 알 수 있다. 지금 몽골 교회는 선교사들의 도움을 벗어나 자립, 자치, 자전하는 건강한 토착교회가 되기 위한 피나는 몸부림의 고통스러운 시기를 보내고 있다. 교회가 성장한 만큼 이제는 몽골 사회와 국민들로부터 높은 도덕적인 책임을 요구받고 있고, 국가와 사회를 위하여 선한 영향력을 나타내야 하는 사명을 지니고 있다. 이러한 과정 속에 몽골 교회는 지속적인 성장이냐 아니면 정체 또는 퇴보냐 하는 갈림길에 있다.

지난 27년 동안 몽골에서 일어난 기독교의 놀라운 부흥의 원인은 무엇일까?

몽골 연합신학교 교장을 역임한 푸릅도르찌는 몽골선교 초기 20년 동안 몽골의 기독교 선교가 크게 발전한 세 가지 요인을 다음과 같이 설명한다.

첫째, 사상적인 공간이다. 민주화 이후 사상적인 필요(공백)를 기독교가 잘 채워 주었으며 특별히 젊은이들의 입장에서 사상적인 새로운 혁명에 기독교가 영향을 미쳤다. 새로운 사상으로 자신을 개발하려는 젊은이들의 노력이 기초가 되어 그들을 하나님 아버지의 품으로 오게 하는 문을 열었다.

둘째, 경제적인 영향이다. 기독교단체가 시작한 개발, 원조 기관들이 몽골의 빈곤퇴치에 일익을 감당하여 식료품, 의복 등을 나누어 주는 활동의 결과로 많은 사람이 기독교회에 참여하였으며, 이는 예수를 믿는 기회를 제공하였다.

셋째, 교육과 양육이다. 기독교의 성장 발전에 가장 큰 영향을 미친 요소는 교육이다. 청년들을 외국과 연결하여 교제하도록 하고 영어를 배워 외국 학교에 가서 공부한 청년들이 많다. 또한 부모, 가족 등 여러 종류의 세미나 개최 등은 오늘 몽골 사회에 긍정적인 영향을 미쳤다.[105]

마르꾸 제링은 1990년부터 몽골선교 초기 10년 동안 일어난 부흥의 원인을 다음과 같이 네 가지로 평가한다.

첫째, 쉽게 접할 수 있고, 읽을 수 있는 신약성경이 있었다.

둘째, 기독교인들 사이에서의 협력 및 기독인들과 정부의 협조.
셋째, 교회 개척 사역이 가장 중심 사역이었다.
넷째, 지도자의 훈련을 강조하였다.[106]

이대학은 몽골선교 20주년을 종합적으로 평가하여 몽골선교(교회)의 외적인 측면과 내적인 측면으로 나누어 다음과 같이 평가한다.

첫째, 외적인 측면
① 공산·사회주의에서 민주주의·시장경제 체제로 옮겨가는 전환기에 몽골인들의 사상적 공백, 경제적인 빈곤이 복음에 대해 긍정적으로 반응하게 하였다.
② 복음에 대한 강력한 적대 세력인 유일신 종교, 이슬람교 등이 없었다.
③ 몽골 인구 분포를 보면 상대적으로 복음에 긍정적으로 반응하는 어린이, 청소년 계층이 많다.
④ 손님 접대, 개방성 등이 특징인 유목민 문화가 복음을 전하는 사람들을 우호적으로 받아들이게 하였다.

둘째, 내적인 측면
① 선교사들과 교회가 연합에 최선을 다하였다.
② 선교 초기부터 몽골어로 성경이 번역되었다.
③ 교회 개척, 제자훈련에 중점을 두고 사역하였다.
④ 교육, 의료, 빈민 구호 등 선교 상황에 맞춘 필요중심적·총체적인 선교를 하였다.
⑤ 선교 단체들이 몽골 정부와 잘 협력하여 사역하였다.
⑥ 선교 초기부터 현지인 지도자 양성에 초점을 맞추었다.
⑦ 이글 텔레비전, 가족라디오방송 등 선교미디어 매체가 젊은이와 지식층에 호감을 주었다.
⑧ 월드비전, 해비타트, 국제기아대책기구, 사랑의 쌀 나누기 운동

등 국제적인 대형 기독교단체들이 몽골 사회 변화와 발전에 크
게 기여하였다.

⑨ 국외에서 오는 많은 단기 사역자, 선교팀들이 몽골선교에 긍정
적인 영향을 미쳤다.[107]

Ⅲ

한국 선교사들의 몽골선교[1]

지금까지 몽골선교의 전반적인 부분을 고찰하였고, 본 장에서는 한국 선교사들의 몽골선교에 대해 살펴보고자 한다. 한국 선교사들의 몽골에서의 활동을 먼저 역사적으로 살펴보고, 다음으로 한국 선교사들의 사역 상황, 왕성한 활동의 원인, 한국 교회와 선교사들이 몽골선교에 끼친 긍정적·부정적 영향 등을 차례로 고찰하여 보고자 한다.

1. 한국 선교사들의 몽골선교 역사

한국 선교사들의 몽골선교 역사를 간략하게 정리하여 본다. 한국 기독교의 몽골 진출은 몽골이 민주주의·시장경제 체제로 전환한 직후인 1991년부터 본격적으로 이루어졌다. 한국인 선교사들이 입국하기 이전인 1991년 4월, 한국 기독교총연합회에서 사랑의 쌀 1천 톤을 몽골에 지원하였다. 체제 전환 이후 러시아 등 외부로부터 모든 원조가 끊어지고 빈곤이 극심한 시기에 한국 기독교가 몽골에 도움의 손길을 펼친 것은 시의적절한 것이었으며, 한기총의 이러한 나눔과 도움의 손길은 현재까지 계속되고 있다.[2]

1991년 4월 K 선교사(한국 기독교침례회 소속)가 한국인 선교사로서 최초로, 이어서 한국대학생성경읽기선교회(UBF)의 I 선교사를 비롯한 세 선교사가 몽골선교를 위하여 입국하였다. 당년 9월 한국인 목사 선교사로는 최초로 H 목사(월드컨선)가 입국하였고, 그 후 오늘날까지 수백 명의 한국인 선교사가 몽골에서 선교 활동을 벌이고 있다.

1991년부터 2007년까지 몽골 기독교 초창기에 한국인 선교사의 주요 활동과 한국 기독교회가 세운 주요한 기관 및 단체들을 요약해서 정리하면 다음 표와 같다.[3]

표 33. 몽골에서 한국 기독교의 주요 활동 역사

연도	활동 내역
1991	한국 기독교총연합회, 사랑의 쌀 1천 톤 보냄 K 선교사가 한국 선교사로, H선교사가 목사 선교사로 최초 입국, 한국대학생성경읽기선교회, 몽골 사역 시작
1992	우르딩게게교회 개척, 국제기아대책기구 개소 한국예수전도단(YWAM) 활동 시작
1993	울란바타르 대학교 개교, 선한이웃 NGO와 몽골 교회주일학교지원센터 개소, 몽솔탁구클럽 활동 시작
1994	연세친선병원와 에바다치과병원 개원, 월드컨선 NGO 개소
1995	연합신학교(UBTC) 개교
1996	한국어린이전도협회 개원, P현선교사 스포츠선교 시작
1997	밝은미래학교 개교, Y 선교사 스포츠선교 시작
1998	울란바타르선교사자녀학교 개교, 지구촌나눔운동 NGO 개소
1999	몽골 찬송가공회 설립, 찬송가 발간, 오병이어선교회에서 '몽골영양개선연구소' 개소, 글로벌케어의료선교원 개원 한국기독학생회(IVF) 활동 시작
2000	몽골어 신·구약성경 완역 출판, 지혜의 샘 문서선교와 성서유니온출판사, SFC학생신앙운동 활동 시작
2001	메르긍욱스출판사 활동 시작
2002	몽골 국제대학교와 후레 대학교, 몽골 침례교신학교 개교 그린홈호스피스병원 개원
2003	몽골 감리교성경학교 개교, 몽골 가정선교교육원(HOME) 개원
2004	신다르항 대학교 개교
2005	몽골 장로교신학교 개교, IVP출판사 시작
2006	몽골선교 15주년 기념대회, 아가페클리닉 개원
2007	남고비성경학교 개교

　　지금까지 몽골에서 사역한 한국인 선교사 수를 정확하게 파악하는 것은 쉽지 않다. 재몽골 한인선교사회 회원 수를 근거로 보면 매년 평균 200-300명의 회원이 등록되어 있는 것으로 어느 정도 예상할 수 있다.

　　현재 몽골에서 사역하고 있는 한국 선교사의 수와 그들이 몽골선교에서 차지하는 비중이 어느 정도인지를 2015년 몽골 정부기관에서 발표한 자료들을 근거로 살펴보기로 한다. 현재 몽골 주민 소속, 이주관리청에서 공식 허락을 받아 몽골 국경 내에서 활동하고 있는 90여 국제기관 중 10퍼센트는 종교와 관련 있는 국제기관이다. 그리고 몽골에 개인적인 일로 거주하고 있는 5만 명 정도의 외국인 가운데 1.5퍼센트는 종교나 인문(민간) 분야에서 일하는 사람들이며, 종교와 인문 분야에서 활동하고 있는 외국인 중에서 1/3은 대한민국 사람들이다.[4]

이 자료를 근거로 몽골에서 사역하고 있는 한국 선교사들을 추산하면 몽골에 거주하는 외국인 5만여 명 중 1.5퍼센트인 750여 명이 종교·민간 분야에서 일하고 있고, 그중 1/3이 한국인이라면 250명 정도가 한국인 선교사라고 추산할 수 있다.

표 34. 종교·민간 분야의 몽골 거주 외국인 비율

국가	한국	미국	일본	중국	북한	러시아	기타
비율(%)	28	17	4	2	2	1	46

울란바타르에서 공식 허가를 받고 활동하고 있는 사원(교회)의 8.8퍼센트인 25개 종교기관의 대표로 외국인들이 일하고 있고, 그중 15개 기독교회의 대표로 외국인들이 사역하고 있다. 사원(교회), 종교 기관의 대표자로 일하고 있는 외국인의 56퍼센트는 한국인이다.[5]

2. 한국 선교사들의 몽골선교 사역

2장에서 몽골선교의 전체적인 차원에서 10개 분야별로 살펴보았다면 3장에서는 동일하게 한국 선교사들의 몽골선교 상황을 10개 선교 분야―(1) 교회 개척, (2) 신학교육, (3) 의료선교, (4) 교육선교, (5) 사회개발, (6) 대학생선교, (7) 성경 번역·출판, (8) 비즈니스선교, (9) 스포츠선교, (10) 해외선교 활동―로 구분하여 고찰하여 보고자 한다.

1) 교회 개척

앞서 2장에서 몽골선교 가운데 교회 개척 분야에 대해 2016년 몽골 복음주의연맹에서 연구, 조사하고 발표한 자료에 근거하여 자세히 살펴보았기 때문에 다시 언급할 필요가 없으리라 생각한다.

그러나 몽골에서 한국 선교사들이 교회 개척 분야에서 탁월한 공헌을 하였다는 것을 분명히 밝힐 필요가 있다. 전 세계의 거의 모든 선교지에서 한국 선교사들이 가장 적극적이고 활발하게 사역하는 분야가 있다면 바로 교회 개척 분야일 것이다. 이것은 몽골선교에서도 결코 예외가 아니다.

2006년 몽골 한인선교사회가 몽골선교 15주년을 기념하여 발행한 자료를 분석해 보면, 한국 선교사들이 몽골의 교회 개척 분야에서 얼마나 큰 영향을 미쳤는지 알 수 있다. 2006년 몽골 수도 울란바타르에 219개 교회가 있는 것으로 조사되었는데,[6] 그중 70퍼센트 가까운 140여 교회가 한국 선교사들이 개척하였거나, 한국 선교사들이 개척한 교회들이 세운 지교회다. 또한 지방에 세운 264개 교회의 약 50퍼센트가 한국 선교사들이 개척한 교회들이 세운 지교회다.

한국 선교사들은 지금까지 몽골선교에서 가장 크게 기여한 부분이 교회 개척 분야라는 데 동의한다. 2006년 몽골 한인선교 15주년을 맞이하여 한국 선교사 70명을 대상으로 실시한 설문 조사에서 "몽골선교 15년 역사에서 한국 선교사들이 가장 크게 기여한 부분은?"이라는 질문에 응답자의 90퍼센트가 넘는 64명의 선교사가 교회 개척 분야라고 응답하였다.[7]

특히 H 선교사(예장고려)가 세운 '우르딩게게'교회와 '뭉힝우넨'교회와 지교회들은 지방 교회 개척에 많은 관심을 기울여 50개 이상의 지역에 교회를 세웠다.

2) 신학교육

한국 선교사들도 몽골선교 초창기부터 현지인 지도자 양성을 위한 신학교육 분야에서 적극적으로 활동하고 있다. 한국 선교사들 중에

목사 선교사들은 대부분 목회학 석사학위 이상의 학위를 소지하고 있고, 많은 선교사가 교회 개척이나 신학교 사역 등 직접 복음을 전하는 것과 연관된 사역을 선호한다.

한국 선교사들의 신학교육 선교는 크게 두 형태로 이루어지고 있다고 할 수 있다. 첫째는 교단과 교파를 초월하여 초교파적으로 연합하여 사역하는 경우이고, 둘째는 자신들의 교단성을 분명히 하고 독자적인 신학을 추구하는 교단신학교를 세워서 사역하는 형태이다.

초교파적으로 연합해서 신학교육 사역을 하는 경우로 대표적인 것이 몽골 연합신학교(UBTC)이다. 몽골선교 초창기인 1995년에 동·서양 선교사들이 연합하여 몽골 연합신학교를 세울 때 A, H, L, C 선교사 등 초창기 한인 선교사들이 적극적으로 연합하여 동참하였다. L 선교사가 연합신학교 교장으로 섬겼으며, C, L 선교사가 교무처장으로 사역하면서 학교 발전을 위해 노력했고, 수십 명의 한국인 선교사들이 교수로 섬겼다. 현재도 K, L 선교사 등이 교수로 사역하고 있다.

한국 선교사들은 독자적인 교단 신학교육기관을 세우고 사역을 하기도 했다. 몽골선교가 시작된 지 10년이 지나는 2002년부터 한국 선교사들이 주요 교단의 신학교를 세웠다. 2002년에 K, M, I 선교사 등 침례교단 선교사들을 중심으로 '몽골 침례교신학교'를, 2003년에는 K 선교사 등 재몽 감리교선교사협의회에서 '몽골 감리교성경학교'를 세웠다. 2005년 8월에 장로교단 일곱 교단의 한국인 선교사들이 힘을 모아 L, H 선교사 등을 중심으로 몽골 장로교신학교를 세워 개혁주의신학에 바탕을 둔 신학교육을 하여 현지인 지도자들을 양성하고 있다.

정규 과정의 현지인 지도자 훈련기관 가운데 몽골 침례교신학교, 몽골 감리교신학교, 몽골 장로교신학교 등은 정규 교육과정을 운영하는 신학교로, 한국 선교사들의 주도로 세워 오늘까지 유지, 운영하고 있다.

수도 울란바타르뿐만 아니라 지방에도 한국 선교사들이 신학교육기관을 세웠다. 2007년 9월에는 L, H 선교사가 몽골 남부 고비사막 지역 중앙에 있는 달란자드가드 지역에 현지 지도자 교육을 위하여 몽골 장로교신학교 남고비 분교를 세워 지역 교회를 건강하게 세워 가고 있다. 이 학교는 2012년부터 몽골 장로교신학교로부터 독립하여 독자적으로 신학교육을 하고 있으며, 절반 이상의 학생이 현재 목회를 하고 있기 때문에 2개월간 수업을 하고 2개월간 사역지에서 목회사역을 하는 형태로 수업을 하여 1년 8주 3학기 과정으로 학기를 운영하고 있다. 현재 2년제 성경학교 과정에서 60명 이상이 졸업하였고, 2016년부터 4년제 과정으로 확장하여 현지인 지도자들을 양성하고 있다.

2017년 10월 몽골 서부 5개 도 교회연합의 요청으로 '몽골 서부연합신학교'가 세워졌다. 학기와 과정은 매년 2월, 6월, 10월에 4주간씩 연 12주 수업을 하며, 3년에 걸쳐 36주 공부를 함으로 성경학교 과정을 졸업하게 된다. 2017년 10월에 14명의 학생이 입학하여 공부하고 있으며, L 선교사, 뭉흐바타르, 오유나 목사 등이 이 학교를 섬기고 있다.

그리고 2003년, 몽골의 많은 가정이 안고 있는 문제—이혼, 가정폭력, 가정교육 부족, 경제적인 어려움 등—들을 돕고 해결하며 건강하고 행복한 가정을 세우고 복음을 전할 목적으로 K, O 선교사 가정을 중심으로 몽골 가정선교교육원(HOME)을 세워 결혼과 가정생활, 청소년 세미나 등을 열고 몽골의 가정 회복과 가정 사역자 양성을 위하여 활발하게 사역을 펼치고 있다.

3) 의료선교

몽골의 의료선교는 선교 초창기부터 한국 선교사들의 주도로 이루어졌다. 한국 선교사들을 중심으로 한 몽골 의료선교의 특징과 상황들을 살펴본다.

(1) 한국인 의료선교사들의 주도

1993년 시작된 몽골 국립의과학대학교와의 협력을 비롯하여 에바다 치과(1993. 9), 연세친선병원(1993. 7)은 물론 바가노르 은혜의원(1999), 국립암병원 호스피스병동(2001), 초원의집호스피스(2001), 몽골 국립의과학대학교 부속병원(2014)[8], 그리고 아가페 기독병원(2016)[9]까지 모두 한국 의료선교사들이 주도적으로 진료뿐 아니라 설립, 경영에 참여한 기관이며 사역들이다.

서양 선교사들은 선교병원을 세워서 사역하는 것을 지양하였지만 한국 선교사들은 선교병원이 기독병원으로 지속적으로 발전한[10] 의료선교의 꽃이라 불리는 선교병원의 비전을 여전히 실현가능한 목표로 삼고 몽골 의료현장에 주도적으로 참여하였다.

(2) 현지 연합사역

1990년대 몽골 의료선교는 서로 다른 배경과 국적, 소속과 파송단체에 구애받지 않고 연세친선병원, 에바다치과의원, 몽골 국립의과학대학교 등 몇몇 의료기관에서 연합하여 사역하였다.

물론 이러한 연합사역은 연세친선병원 등 기관별 사역을 통해 자연스럽게 이어졌지만, 몽골의 경우는 공식적 기관이 아닌 좀더 비공식적인 형태인 '신앙공동체'가 더 큰 역할을 하였다. 연세의료원이 주도한 선교 초기부터 몽골 국립의과학대학교와 연세친선병원에 소속된 다양한 배경의 선교사들이 정기적으로 모여 기도하고 예배하던 '연세기도공동체'가 바로 그것이다. 여기에는 국제선교단체들의 몽골 사역 연합기구인 'JCS International'[11]을 통해 입국한 다국적 의료전문가들도 자발적으로 참여하였고, 이로써 국적, 배경, 그리고 사역의 전략이 다른 의료선교사들이 함께하는 국제적 모임으로 확대되었다.

이 모임은 주로 전의철[12], 박돈상[13], 박진용[14] 등 몇몇 선교사들을 중심으로 참여하는 각 가정이 순서를 만들어 섬겼다. 식사와 차를 나누고, 언어는 달라도 함께 예배하고 기도하는 가운데 서로 위로받으며 동기를 부여했다. 그러면서 자연스럽게 연합과 협력의 훈련이 일어났다. 아직 불신자이거나 신앙의 훈련이 필요했던 일부 한국국제협력단(KOICA) 소속 협력의사와 일반 자원봉사자들도 이 모임을 통해 선교와 교회로 더 깊게 부르심을 받을 수 있었다. 따라서 이러한 몽골 의료선교 연합의 기초에는 한국 연세의료원의 의료선교센터[15]와 그 전진 기지였던 연세친선병원의 역할과 영향력이 컸다고 할 수 있다.

이러한 연합의 전통은 초기 선교사들의 일부가 귀국하거나 타국

으로 사역지를 옮기고, 연세친선병원이 폐원하고, 에바다치과가 현지인
들에게 완전 이양한 2017년 현재까지도 지속되고 있다. 몽골에서 사역
하는 대부분 의료선교사들은 연세친선병원이 문을 닫은 뒤 연세공동체
의 후신으로 2015년 3M(Mongolian Medical Mission)[16]을 만들었고, 비록
이제는 흩어져서 하나의 기관과 구조 안에서 통일된 사역을 하지는 않
지만, 여전히 연합과 협력의 가치를 실현하고 있다.

(3) 의료선교 분야를 다양하게 접근하였다

치료의학 중심의 임상적 접근뿐 아니라 의학, 치의학, 간호학 교
육, 보건행정, 지역사회 개발에 이르기까지 다양한 보건의료 분야의 사
역을 동시에 함께 해왔다는 점이다. 물론 의료선교 초기였던 1990년대
부터 이러한 사역이 가능했던 것은 아니다. 몽골 의료계는 여느 국가와
다름없이 폐쇄적이고 자신들의 영역을 개방하지 않았다. 선교사들은 언
어와 문화뿐 아니라 낯선 의료제도와 의료계 풍토에 적응하기가 쉽지
않았다. 하지만 사회주의와 비성경적 유물론에 기초한 의료계의 정책과
관행은 오히려 의료선교사들이 각각의 부르심에 따라 다양한 분야에서
한 목적으로 연합하는 동기가 되었다.

의료 중심의 의료선교는 앞선 몇 세기 동안 전 세계 의료선교사의
주요 사역이었다. 2014년 이전까지는 몽골도 치료 중심 사역이 주요 의
료사역이었다. 앞서 소개한 의원, 병원을 중심으로 하는 병원 사역과 단
기 의료팀으로 도시 변두리와 지방에서 시행한 기초적인 질병에 대한
검진과 투약, 그리고 간단한 시술로 이어지는 1차적인 진료는 그리스
도를 모르는 몽골인들에게 그리스도의 사랑과 은혜를 전하는 가장 좋
은 방법의 하나였다. 하지만 연세친선병원이 문을 닫고, GDP가 4천 달
러를 넘어선 몽골 정부가 외국 의료인들의 진료 제한에 더 엄격해지면
서, 몽골 의료선교의 축이 점차 현지 의료인의 영적 제자화와 의학교육
선교, 그리고 보건의료행정 사역으로 많은 부분 옮겨지고, 의료선교의
범위도 넓어졌다.

이 가운데 몽골 국립의과학대학교는 연세의료원이 1993년 협력사

업을 시작한 이후 한국 의료선교사들뿐 아니라 다양한 국적의 선교사들이 중앙연구실, 기초의과학대학, 의과대학 등에서 함께 사역하는 주요 베이스 역할을 하였다. 비록 학교 전체가 기독교적 전통이 있거나 복음화 운동이 지속적으로 크게 일어난 것은 아니지만 자체 기독학생회(BASIC)뿐 아니라 CCC 등의 학생 동아리가 지속적으로 활동하고,[17] 일부 선교사들은 강의와 진료를 하면서 개인적인 제자화 모임을 통해 교수들과 전공의들을 양육하여 현재 몽골 기독의사회의 주축이 되는 다수 제자들이 세워졌다.[18]

특히 연세의료원은 몽골 국립의과학대학교 내에 연세의료원의 협력프로젝트 책임 의료선교사들을 꾸준히 파송하고 2017년 현재까지 다른 의료선교사들이 의학교육 현장의 중심에 영향력을 가질 수 있는 기초를 제공하고 있다.[19] 연세의료원은 1993년부터 몽골 교수진들을 3-6개월간의 단기 프로그램 혹은 석·박사학위 과정을 통해 연세의료원 전공과목 교수진들의 진료, 수술, 교육에 참여하게 하면서, 기독교적 봉사정신을 체험하게 하였다. 또한 학부생을 위한 의학도서관 설립과 교과서 번역 사업을 해왔고, 연구 인프라를 만들기 위해 의과대학 중앙연구실을 설립하고 장비와 연구 시약 등을 제공하고 있다. 이와 더불어 교환교수를 파견하고 여러 선교단체와 교회, 그리고 한국 외 의료선진국과의 징검다리 역할을 함으로써 몽골 의료계에 기독교적 세계관과 인간관을 심는 데 기여하고 있다.

또한 한국 선교사들이 세운 국제 울란바타르 대학교(IUU)는 한국 선교사들이 중심이 되어 2007년 9월부터 간호학과를 시작하고, 이후 간호대학교로 발전시키며 몽골 간호학교육의 현대화와 간호계 복음화를 이끌고 있다.[20] 그 결과 2017년 현재 몽골 기독간호사들의 모임인 몽골 기독간호사회가 이미 구성되었고, 현지 간호계 리더들을 키워내는 주요 역할을 하고 있다.

보건 분야에서는 C 선교사 등 일부 의료선교사들이 2012년부터 몽골의 보건부, 보건산업진흥원, 몽골 국립의과학대학교 보건행정에 참여하면서 국립병원 보건통계 시스템, 원격진료 시스템, 병원정보 시스템

(Health Information System) 개발 등 선진 의료 시스템을 전수하였다.[21] 또한 이들의 일부는 보건부 등의 미래보건핵심인력에게도 복음과 기독교 정신을 나누고 훈련하는 사역을 이어가고 있다.

지역사회 보건개발(혹은 지역사회 보건선교, Community Health Evangelism; CHE)도 몽골 의료선교사들의 주요 관심사였다. 1990년대부터 울란바타르 근교 양로원, 교도소 등을 자주 찾던 초기 의료선교사들 중 J, L 선교사 등 일부는 1998년부터 울란바타르에서 130킬로미터 정도 떨어진 B 지역 구립병원에 거점을 마련하고, 곧 이어 은혜의원을 연 뒤 지역사회 보건사업을 주도하였다. 이후 지역 보건교육과 질병 예방사업뿐 아니라 몽골인의 성인병 관리를 위한 식단 개발과 지역 소득 증대사업을 위한 농장 설립 등 다양한 지역사회 보건개발이 2017년 현재까지도 이어지고 있다. 또한 2005년 이후에는 몽골의 동쪽 지역인 도르노드 아이막 초이발산 지역의 선교사와 울란바타르와 바가노르의 의료선교사들이 협력하여 이러한 지역사회 보건개발사업을 그 지역까지 확대하면서 몽골 지방선교의 또 하나의 패러다임이 되었다.[22]

(4) 초기부터 진행된 통전적 접근

전문인선교와 의료선교가 태생적으로 사회 참여와 변화를 전략적 기조에 두고 있기에, 많은 선교지에서 전문인선교와 의료선교가 일부 복음주의선교사의 간접선교, 혹은 선교를 돕는 전문 사역 등으로 잘못 이해되어 왔다. 또한 의료선교사들 가운데도 복음전파와 회심, 양육은 자신의 사역이 아니라고 보고 직접적 복음전도와 개인구원에 대한 관심과 노력보다 개개인의 전문적인 기술과 지식을 통해 사회구성원의 건강에 관여하고 치료하는 일에만 관심을 가진 의료선교사들이 선교지마다 여전히 있다. 하지만 대부분 몽골 의료선교사들은 교두보가 확보된 2000년대 이후 본격적으로 복음전도와 제자양육을 통해 교회를 개척하고 현지 교회를 중심으로 사역하면서 의료사역 등 전문적인 사역에서 복음 사역까지 통합하는 통전적 입장을 견지해 왔다.

그 결과 울란바타르 BASIC교회, 베다니마을교회, 두란노교회, 위

대한 사랑의 교회(몽골 할렐루야교회), 주님의 영광교회 외에도 지역 사회에 뿌리내린 다수 교회들을 개척하였고, 비의료선교사들이 개척하여 사역하던 영원한사랑의교회, 새벽빛교회, 울란바타르 한인교회, 사랑의교회, 영원한 언약 무지개교회 등에서 다수 의료선교사들이 주도적이고 책임 있는 연합 사역을 하였다. 이뿐 아니라 의료계 제자들의 훈련과 양육을 통해 지역 교회 가운데 의료인이 중심이 된 교회들이 생겨나고, 몽골 기독의사회, 몽골 기독간호사회 등 전문인 신앙협의체가 비교적 빠른 시기에 태동할 수 있었다.

몽골 의료선교사들의 통전적 접근의 대표적 예는 몽골 연세친선병원 소속 선교사로 사역하던 H 선교사[23]가 개척한 B 교회, C 선교사가 주축이 된 G 교회, H 선교사 등이 주축이 된 D 교회 등이다.

H, L 선교사 부부는 연세친선병원에서 환자를 치료하면서 2006년 주변 한국어학과 대학생들을 모아 '한국어 통번역학교'를 시작하면서 작은 셀 모임을 만들었다. 그리고 곧 집에서 매주 모이는 가정교회를 시작하고, 이어 병원 직원들의 아침성경모임을 통해 '목적이 이끄는 삶'을 나누며 직접 직원들을 전도하기 시작하였다. 이것이 B 교회의 시초이다. 2015년까지 교회를 이끌다 2015년 귀국하면서 현지 목회자에게 완전히 위임했고, 2017년 현재까지 교회는 부흥하고 있다.

C, L 선교사 부부는 좀더 적극적으로 국립의과학대학교와 연세친선병원 의료진과의 정기적인 만남과 관계 형성을 통해 성경 훈련으로 이어지게 했고, 교회로 인도하며 교회를 개척하였다. 2008년 당시 연세친선병원과 국립의과학대학교에서는 여러 의료선교사가 인도하는 다양한 성경모임이 정기적·비정기적으로 있었는데, 이를 통해 성경을 배우고 믿음이 생긴 이들이 다른 사회계층과 함께 공동체를 이루기가 어려웠다. 따라서 이들을 중심으로 하는 교회공동체가 필요했는데, 이들을 모아 G 교회를 몽골 목회자 등과 함께 세우고 섬기는 선택을 했고, 2017년 현재까지 현지인 목회자와 동역하고 있다.

H 선교사 부부는 연세친선병원 건물에서 교회를 시작했다. 2008년부터 모였던 D 교회는 시골 유학생들과 병원 직원 일부와 환자들, 그리

고 선교사 세 가정이 함께 모이는 가정교회 형태를 이루었다. 이들은 연세친선병원 도서관에서 평일 저녁과 주말에 자주 만나는 양육 중심의 가정교회를 하면서 국제 울란바타르 대학교 등의 대학생 사역을 병행하며 세례와 성찬을 나누었다. 이후 이 교회는 과거 온누리교회 선교사들이 섬겼던 사랑의교회에서 분리되어 나온 성도들과 2010년 주님의 영광교회를 개척하였고, 2012년과 2017년 두 번의 위임을 통해 몽골 목회자에게 완전 이양하였다.

또한 몽골 의료선교사들의 통전적 사역은 더 다양한 분야로 확장되었는데, 경배와 찬양, 찬송가공회, 교도소환경사업, 지역사회 인프라 개발, 지역소득증대사업, 마을도서관 등 교회와 사회의 다양한 분야에 주도적으로 참여하며 몽골 통전적 선교의 모델을 제시하였다.

4) 교육선교

몽골의 교육선교를 주도한 것은 한국 선교사들이다. 한국 선교사들은 선교 초창기부터 몽골의 학교에 들어가서 학생들을 가르치며 선교하거나 직접 학교를 세워 선교하였다.

몽골선교 초창기부터 한국 선교사들에 의한 교육 선교의 주요 활동을 살펴보면 아래 표와 같다.

표 35. 교육 관련 한국인(선교사)의 주요 활동

No.	제목	추진인	시기	비고
1	입국, 국립대 한국어과	계**	1990	초대 한인회장
2	한·몽 수교	몽골과 한국		6개월 후 권영순 대사 입국
3	대학생성경읽기선교회	권**	1991	UBF, 유학생 비자, 캠퍼스 선교
4	국립대 한국어과 교수	계**, 권**		하우가/평양대 역사학박사 합류
5	국제기아대책기구/FHI	천**	1992. 8	1993, 법무부, 각종 개발교육 지원

6	솔몽 탁구클럽	강**	1993	탁구선교
7	UB한국어학교 개설	학장 윤**		국제UB대(종합대) 전신
8	UB대 인가		1995	2002년, 대학이사회 법인 조직
9	몽골 어린이전도협회	박**		어린이전도, 주일학교교사 양육
10	밝은미래학교 개교	교장 권**	1997. 9	인터콥 파송, 빈민 어린이 교육
11	토요한글학교 개교	한인회	1998	주관 한인교회, UB대 사용
12	UBMK 개교	교장 전**		한인교회자녀 증가로 한글교육
13	재한 몽골학교	이사장 유** 목사	2000. 1. 9	대한민국 성동구 구의동
14	몽골 YMCA	전**	2001	교육, 문화 선교/연세친선병원
15	몽골 국제대학/MIU 개교	총장 원**	2002. 9. 1	이사장 권**/2대 총장
16	후레 대학교 개교	총장 김**		감리교 주축
17	토요 한글학교 개교	교장 신**	2004. 2	주관 한인회
18	몽골 수능시험 최초 시행	몽골교육부	2006.5	몽골 교육평가위원회[24]
19	노무현 대통령 국빈 방문	한국학전공자 만남		전공자 58명, UB대 소강당
20	세종학당1 개원	국립국어원	2007. 3. 18	UB대 내 / 대한민국 예산[25]

　　몽골선교 초기 5년간에는 울란바타르에서도 교회학교 어린이교육이 온전한 교육 체제를 다 갖추지는 못하였지만, 교사가 77명에서 158명으로 늘어나고 어린이도 1천여 명에 이르렀다고 한다.[26] 그리고 예수전도단(YWAM)으로 들어온 L 선교사가 울란바타르에서 채소와 과일 재배를 하면서 훈련원을 운영하여 농업인을 양성하거나 국립농과대학에서 강의하는 등 농업교육선교를 시작하였다. 이는 몽골선교 초기에 최적의 방법일 수밖에 없는 선교적인 교육을 이룬 일례이다.

　　그리고 선교사 세대가 취학아동을 둘 시기이기에 한인 선교사들이 자녀교육에 절박한 문제가 발생했다. 학부모와 한인교회에서 한인학교를 설립하려 하던 중, 한인선교사회에서 '선교사자녀학교 운영 결의'로 한인교회는 후원만 하기로 하여 UBMK가 개교되었다. 이보다 앞서 서양 선교사들의 자녀를 위한 국제학교가 설립되었고, 학부모들이 시간 교사로 참여하며 영어로 학습하는 '홈스쿨'이 시작되었다.[27] 이는 선교사들에게 절실한 수밖에 없는, 가족과 그 미래를 짊어지는 데 필요한 우선요소였다.

한편 몽골의 교육선교로서 선교적인 교육을 지향하되 창의적 접근지역의 교육을 이루어야 하기에 긴장감을 가지고 이루어지고 있는 것은 유·초·중·고교와 대학으로 이루어지는 공교육일 것이다. 초·중·고교의 경우, (기독)학교[28]들은 몽골 내에서 대부분 우수학교로 인정받고 있다. 〈밝은미래학교〉는 1997년 몽골에 한국인이 세운 첫 초·중·고교로, 1999년에 인가를 받았다. 개교 초기에는 2년 동안 학교를 다니지 못한 불우아동들을 모아 무상교육과 구제를 함께 해왔으며, 아동들에게 한국 후원자를 1:1로 연결할 정도로 적극적으로 지원하였다. 설립 10여 년이 지난 후 학교 운영을 개선하기 위하여 일반 사립중·고교로 개편하여 장학혜택을 유지하며 연령 시기에 알맞은 교육을 개발해 오다가 최근 초등학교를 다시 살려 예술, 외국어 심화, 5차원 전면교육으로 특성화하여 기숙사를 운영하면서 학생들을 제자양육하는 데 주력하고 있다.[29]

2004년도에 후레정보통신대학교 부속인 '후레통갈락초교'와 (국제)울란바타르대 부속인 '울란바타르초교'가 국가 지원이 시작되는 즈음 세워지면서 운영에 일부분 활력을 얻은 것으로 보인다. 12년제가 실시되기 시작한 2008년에 전교생 700여 명의 울란바타르중·고교[30]가 세워져 대학입시에서 고득점 성적을 내는 가운데 '아이들이 행복한 학교'로 성장하였다. 몽골에서 (기독)학교들이 대부분 장학혜택이 높은 편인데, UB초·중·고교는 한국 교회의 지원으로 '사회복지장학생'이라는 명목으로 매년 몽골 목회자자녀(50여 교회와 기독기관)에게 50퍼센트 장학혜택을 주고 있다. '후레통갈락초·중·고교'는 감리교단 선교사들이 주축이 되어 시작하여 초교파적으로, 한국의 교육 경력이 있는 전문인 선교사들이 운영, 교육하여 한국 교회와 학교와도 활발히 교류함으로써 몽골 교사들의 교육 안목과 역량을 높이며 국제교육의 면모를 갖춘 사립학교로 성장하고 있다.

그리고 최근 한국 백석대학의 설립 의지로 시작한 '허스오양가초·중·고교'는 울란바타르 시이지만 동쪽 외곽의 광산 지역인 날라이흐 구에 2013년에 부지를 확보하고 교사동을 만들어 초등학교로 시작하였다. 최근 '잃어버린 영혼 찾기 프로젝트'를 세워 학비를 충당할 수 없는 가정의 학생들을 장학생으로 선발하여 이들에게 하루 3장씩 성경을 읽히고, 아침 묵상을 하며 교회에 출석(부모 동의)하도록 권면하고 있다. 교사기도, 성경공부, 학부모·학생의 기도모임도 꾸준히 지속하여 창의적 접근지역의 한계를 믿음으로 담대하게 넘어서며 기독학교로서 지향해야 할 일들을 탄력적으로 감당하고 있다고 하겠다. '이트겔초·중·고교'는 MIU의 부속 국제학교로, 설립자 대학에 초빙 받은 교수들과도 연계하여 운영하며 영어로 교육한다. 2017년 현재 중·고생이 있으며 몽골 목회자와 선교사 자녀들에게 장학혜택을 주는 등 몽골 내 국제학교들의 면모를 갖추고 성장하는 지역학교이다.

다음 표에서 보듯이 기독 재단의 초·중·고교들은 몽골과 한국에서 우수한 학교로 꾸준히 성장하고 있는 편인데, 초기 선교사들의 교육선교에서 어느 정도 시행착오를 겪고, (기독)사립대학이 세워진 후 10여 년이 지나 사립학교에 몽골 정부 지원이 가능해진 해에 시작한 것도 안정적인 운영을 가능하게 했을 것으로 보인다. 이들 기독사립대학들은 몽골 국립 및 타 사립학교들과 비교할 때, 성실한 교사들이 사랑과 믿음에 근거한 교육을 하며, 학생과 교직원을 존중하는 자세에서 배어나오는 교육적인 열정이 있어 몽골 정부로부터 긍정적인 평가를 받고 있으며 국가 교육 발전에 한몫을 하였다.

몽골 정부는 이러한 바탕을 한국 선진화의 원동력으로 보고 한국인들의 교육적인 역량에 주목한다. 몽골 교육계의 공교육 개발에 선각자적인 영향을 주게끔 한국 학교가 주도해 주기를 바라며, 교육선교의 내실적인 측면을 기대하는 것이다. 하지만 몽골 기업(대그룹)이나 타종교(이슬람, 국가 차원), 이단이 세운 학교의 교육시스템—교과서와 시설, 교사 역량—과 규모 면에서 비교하면, 사립학교의 하드웨어 측면에서는 더 쇄신하고 해소해야 할 요소들이 많은 것도 엄연한 사실인 듯하다.[31]

표 36. 몽골(기독교) 초·중·고교 교육 현황(2016-2017학년도)

구분	수도 관할구	기관명 학교명	학급수			전체	학생수			전체	교사			전체/여
			초	중	고		초	중	고		초	중	고	
몽골 수도	바양골	후레통갈락	12	4	2	18	192	83	37	312	15	16		31/29
		이트켈학교	*	2	6	8	*	26	66	92	*	11		11/10
	바양주르호	울란바타르	16	11	5	32	338	220	100	668	26	19	22	57/51
		UBMK학교	6	3	3	12	47	17	17	81	16/8(유치원, 행정: +17)			
	날라이	허스오양가	5	2	*	7	66	23	*	89	7	4	*	11/9
	쳉겔테	밝은미래학교	2	4	3	9	39	47	26	112	2	7	7	16/14
	수흐바타르	킹즈키즈	9	3	3	15	165	56	46	267	5	9	8	22/15
서울	성동구	재한몽골학교	5	4	3	12	119	84	55	258	4	7	3	14/14
2국	6구	8학교	55	31	25	11	966	556	347	1,879	75	73	57	178/150

　　몽골에서 주목받고 국가가 인정하는 학교로, 위에서 나타난 '재한 몽골학교'가 있다. 이 학교는 한국에서 일하는 몽골인 근로자의 자녀들을 모아 서울시로부터 부지를 받을 정도로 대한민국에서도 인정받아 몽골 교육부에 정식 등록한 세계 유일의 몽골인 학교이다. 이 학교는 몽골 디아스포라 교육선교일 뿐만 아니라 몽골 정부도 반기는 양국의 건강한 교육 외교의 전례를 보였다고 할 수 있다. 이곳에서 모국으로 돌아온 몽골 학생들은 신앙인으로서 원만하게 재정착하며, 대부분 향후 한국 유학을 기대한다. 디아스포라 한 이들을 교육함으로써 몽골선교를 이룬 당찬 일례라 할 수 있다. 자칫 소외받기 쉬운 유·초등, 청소년기에 교육선교학교에서 사랑 받음으로써 타인을 신뢰하고 꿈을 실현해 가는 성실한 삶을 지향하게 한 것이다.

　　그리고 위에 제시한 여덟 (기독)학교는 'UBMK'를 제외하면 몽골의 일반 사립초·중·고교이다. 특히 몽골 학교에는 여성 교사들이 압도적으로 많은데, 이 학교에서는 평균 84퍼센트를 차지한다. 또한 저학년일수록 학급과 학생 수가 중·고교에 비하면 상대적으로 많은데, (기독)학교들이 몽골 공교육에서 일정 부분 안정된 사역을 하고 있으며, 국가의 지식산업에 한층 밀착할 수 있는 중·고교 과목의 전문교육 교사들이 필요함을 엿보게 한다. 이처럼 몽골인들이 위 학교들을 믿고 자녀를 맡기는 데서 (기독)학교들이 어느 정도 신뢰받고 있다 할 수 있다.

다만 여기에 역량 있는 남녀 선교사들의 균형 있는 합류가 이루어져야 할 것이다. 그런 교육환경이 학교 안팎에서 고루 갖춰지려면 한국 교회의 더 큰 관심과 열정이 필요하다 하지 않을 수 없다. 이제는 몽골 학교에 오히려 뒤처지기 쉬운 이때 기독교교육을 이루고 있는 선교사자녀학교인 'UBMK학교'[32]와 함께 학교 환경을 개선하여 선교적인 교육을 더욱 튼실하게 이루어 가도록 주력해야 하리라 본다. 물질의 권위가 높아지는 현실에서 예수님께서 더 귀히 여기시는 몽골과 한국 아이들에게 천국 같은 사랑의 교육 환경을 조성하는 일도 하나님께 영광을 돌리는 일이다.

선교 초기 선교사들이 자신의 전공이나 전문성과 상관없이 비자를 받거나 학원 사역이 주 사역이 아니어도 강사나 행정 관리자로 합류하여 자신이 맡은 학생들을 전도하고 제자삼아 선교적 기반을 이루었다. 특히 사립대학은 물론 국립대학에서 학과 개설 초기부터 현재까지 전문인 선교사로 활동하는 선임 선교사들이 몽골 대학교육에서 기독교적인 정서 교육의 초석을 쌓는 데 큰 역할을 하였다.[33] 이들의 교육 환경에서 성장한, 주 전공이 다르지만 교양으로나마 한국어를 배운 이들 가운데는 성경학교나 신학교, 한국의 신대원에서 공부하여 학위를 받고 현재 몽골의 교회나 기독 기관, 신학교에서 목회자, 지도자로, 통역자 혹은 교수, 선교사로 활동하고 있다. (교육)선교사들이 외국인으로서 종교 활동에 제한은 받았지만 비교적 엄격하지 않았던 2000년대 전후 20여 년 동안, 한국어(일부분 영어) 통역들이 한 해 동안 1만여 시간을 활동하여 교회학교와 지역, 의료 봉사 등에 발맞추어 (특히 여름)단기사역의 협력자로서 주력할 수 있었다.[34]

표 37. 몽골의 (기독)대학교 현황(2016-2017학년도)

대학명	학생수	주간	야간	계절	설립	비고
국제 울란바타르 대학교	2,235	2,215	25	5	1995	종합대 2012
후레 정보통신대학교	393	909	90	*	2002.9	석·박사과정 개설
MIU/몽골 국제대학교	384	384	*	*		

　　몽골 한인선교사가 세운 학교로 2017년까지 남아 있는 대학은 위의 세 대학이다. 울란바타르 대학은 한국어학교에서 시작하여 2012년에 종합대학교로 승격하였다. 2002년에는 단과대학이지만 석·박사를 배출할 수 있는 후레 정보통신대학교와 중앙아시아와 내몽골, 한국을 아우르는 영어 중심의 몽골 국제대학교가 설립되었다. 이 학교들은 모두 초·중·고교를 부속으로 설립하였다. 2000년대 초기에 몽골 현지 대학을 인수한 나담 대학(UB 시)과 신다르항 대학(다르항 시)이 한국어 교육으로도 당시 활약하였으나 여러 가지 원인으로 활동을 멈추었다.

　　2002년 9월 설립한 후레 정보통신대학은 컴퓨터·정보통신 분야로 특성화하여 몽골의 선진적인 IT기술을 보급하고 있으며, 이 전공분야로 대학원 박사과정까지 개설되어 있어 정보학 교수 양성에도 활발한 활동을 하고 있다. 해마다 외국 컴퓨터전문가들을 초빙하여 일반 대중을 위한 선진 통신교육에도 큰 역할을 하는 것으로 널리 알려져 있다. 몽골 국제대학교는 MIU로 더 알려져 있는데, 영어로 교육하기에 중앙아시아와 내몽골 지역에서 오는 외국인들과 한국 유학생들을 유치, 교육하여 국제학교로서 몽골의 위상에 한몫하고 있다. 이들이 신앙생활을 접할 수 있는 교내 정기예배가 있으며, 영입된 교수들의 활발한 전도와 제자 양육 활동으로 학원복음화를 이루어내는 데 주력하고 있다. 그들을 모국의 선교사로 돌려보내는 프로젝트도 추진해가고 있다.

　　다만 좀더 심사숙고해야 할 점은 (기독)사립대학들이 일반대학들과 비교할 때, 전공이나 교양 교육에서 기독교세계관에 입각하여 학문적으로 접근하며, 학업에 임하는 청년 대학생들이 스스로 성장·발전할 수 있는 수준 높은 교육을 받고 있는가 하는 점이다. (기독)대학에서 그

가치관을 따라 자신의 삶과 미래를 창의적으로 계발할 수 있는 전문 인재를 키우고 있는가, 대학 공동체 안에서 자신의 전공 능력을 키우면서 모국의 사회와 미래를 가늠하며 그 분야를 적극적으로 활용하여 성장하고 있는가 질문해 본다. 이와 더불어 영적 성장이 있는 제자를 양육함은 궁극의 목표가 아닐 수 없으리라.

이처럼 몽골의 교육선교는 개인의 삶과 현실에 토대를 둔, 당면 사회의 필요를 채워주되 그분의 정신으로, 기독교세계관으로 전공 분야에서 창의적으로 지속성장할 수 있는 자율적인 전문 인력 양성에 주력해야 할 것이다. 교육선교사들의 헌신과 봉사로 교육을 몸소 실천하며 공동체 혹은 관계 안에서 타인을 존중하고 자신의 것을 나누는 것을 통하여 교육선교에서 선교적 교육으로 그 생명력이 움트기 때문이다.

5) 사회개발

한국 선교사들도 몽골선교 초창기부터 공산·사회주의에서 민주주의, 시장경제 체제로 옮겨가는 전환기의 어려운 몽골인들을 사랑으로 도왔다.

한국 선교사가 입국하기 이전인 1991년 4월에 한국 기독교총연합회에서 몽골에 사랑의 쌀 1천 톤을 지원하였다. 한기총에서 실시하는 '사랑의 쌀 나누기 운동'은 현재까지 이어져 20년 이상 지속되고 있으며, 몽골의 가장 혹한기이며 전통 명절인 차강사르(구정) 전에 몽골 교회들을 통하여 사랑의 밀가루를 공급하고 있다.

1992년 8월부터 몽골의 몇 도시에서 가난을 퇴치하고 불안정한 교회들을 돕기 위하여 S, C 선교사가 국제기아대책기구 몽골 지부(FHI in Mongolia)를 설립하였다. 그 후 1993년 10월 몽골 법무부에 정식 등록하고 우물파기, 농업, 무료진료, 무료급식, 어린이 후원 사역 등을 해오고 있다. 최근에는 어린이 개발 사역(가초르트, 좀머드, 바양항가이, 옥타르, 쳴, 자마르, 톨고이트 지역)을 중심으로 활발하게 사역을 하고 있다.

1993년 L 선교사(WEC선교회)를 중심으로 세운 GNS(Good Neighbor Society)는 보건교육, 급식, 이동도서관, 유치원 사역 등을 펼치고 있다.

　　1994년 H 선교사가 세운 월드컨선 코리아 몽골 지부는 몽골인들에게 기독교적인 구제와 도움을 주어 하나님의 빛을 드러내기 위해 장학 사역, 걸인 사역, 극빈자 구제 활동을 펼치고 있다.

　　1998년 세워진 지구촌나눔운동(Global Civic Sharing)은 J 선교사가 책임자로 섬기고 있다. 제3세계개발협력, 개발교육, 정책 제시, 시민사회 네트워킹, 소득 증대와 환경 개선을 목적으로 세워진 본 기관은 가축은 행과 소액 융자와 건초 펀드 등을 통한 유목민 소득증대사업, 주님교육, 신용협동조합, 이동도서관, 축산시범농장 등의 사역을 활발하게 진행하고 있다.

　　이후 교회 사역과 연계하여 구호와 개발, 교육 사역을 펼치고 있는 NGO들이 많이 세워졌다. 1998년 12월 L 선교사가 세운 '톨고이트 청소년문화센터', 2000년 8월 J 선교사가 세운 '하나님의사랑 복지센터', 2000년 L 선교사가 세운 '비전센터', 2002년 Y 선교사가 세운 '투뭉 아칠랄', 2003년 K 선교사가 세운 '기독교감리교센터', 같은 해에 P 선교사가 세운 '광림사회복지재단' 몽골 지부, 2004년 B 선교사가 세운 '선한 사람들', 2004년 M 선교사가 세운 '에덴동산' 등 수많은 NGO들이 세워졌다.

　　또한 농업 사역을 펼치고 있는 기관으로는 1993년 세워진 국제기아대책기구 몽골 지부, 2000년 M 선교사가 세운 '기쁨의 농장', 2006년 S 선교사가 세운 '몽골 시온농업공동체' 등이 있다.

6) 대학생선교

　　한국 선교사들도 대학생선교 분야에서 몽골선교 초창기부터 적극적으로 사역을 하였다. 몽골선교 초창기인 1991년 S, I, K 선교사가 '한국대학생성경읽기선교회(UBF)를 세워 미래의 일꾼인 대학생을 위해 캠퍼스를 복음화하고, 사회에 영향력을 끼칠 지성인 제자 양성을 목적으로 활발한 사역을 벌였으며, 대학생들을 중심으로 한 교회도 개척하여 사역하고 있다.

　　1999년에는 한국기독학생회(IVF)에서 파송 받은 P 선교사가 '몽골기독학생회(Fellowship of Christian Students)'를 세워 대학생 전도, 제자훈련, 선교, 졸업생들을 통한 직장복음화를 목적으로 활동하고 있다.

2000년에는 O 선교사가 '학생신앙운동(Student For Christ: SFC)'을 세워 대학생선교 활동을 펼치고 있다.

7) 성경 번역, 출판

한국 선교사들도 몽골어로 성경을 번역 출판하는 것과 기독교 문서 번역 출판에 많은 관심을 기울였다.

1993년 미국, 일본, 스위스 등에서 온 선교사들과 몽골 현지인들을 중심으로 '몽골 성서번역위원회'가 구성될 때 A, L 선교사 등이 주도적으로 참여하여 몽골어 성경 번역에 심혈을 기울였다. 현재 대부분의 몽골 교회가 사용하는 성경의 번역은 한국을 비롯한 선교사들과 몽골 지도자들의 연합의 산물이라고 할 수 있다.

성경 번역뿐만 아니라 기독교 서적, 성경공부 교재, 신학도서 등의 문서를 출판하거나 번역하여 보급하는 일은 선교 사역에서 매우 중요한 부분이다. 이러한 문서출판 사역은 교회를 건강하게 세우며, 기독교인들의 신앙을 견고하게 세워주는 데 유익하고, 불신자들에게 기독교를 소개하는 데도 중요한 역할을 한다. 기독교에 대한 기본적인 이해가 부족한 몽골인들과 신앙이 성숙되지 못한 성도들을 몽골에서 사역하는 동·서양 선교단체와 선교사, 교회들은 대부분 크고 작은 규모로 문서와 출판 사역에 관심을 기울이며 이를 실행에 옮겼다.

한국 선교사들도 전문적인 출판 사역을 통하여 기독교 문서출판과 보급에 힘써 왔다. 신앙생활에 도움이 될 만한 경건서적들을 출판해서 보급했으며, 기초적인 성경공부 교재들과 신학서적, 그리고 가정 사역 등에도 필요한 서적을 출판하였다.

특히 한국 선교사들은 몽골 교회 지도자들과 동·서양 선교사들이 함께한 성경 번역과 출판, 찬송가 출판에도 주도적으로 참여하였다. 몽골 찬송가협회(MCSC)를 조직하여(초대 대표 최병효 선교사. 푸릅도르찌) 1999년에 첫 번째 찬송가를 출판, 보급하였다.

2000년 Y 선교사가 '꿈과 사랑의 출판사'를 세워 기독도서 발행

과 보급을 위해 힘쓰고 있으며, 2001년 Y 선교사가 세운 '메르궁욱스'
도 인쇄와 출판을 통하여 학생들을 교회 지도자로 양육하며 복음을 널
리 전파하는 목적으로 문서출판 사역을 감당하고 있다. 그리고 2000년
L 선교사가 세운 '성서유니온'은 몽골 최초로 매일 정기적인 '경건의 시
간(QT)'을 갖는 데 도움을 주기 위한 월간지를 출판하였으며, 2005년부
터는 L 선교사가 세운 몽골의 'IVP출판사'에서도 매월 정기적인 묵상교
재들을 출판하고 있다.

8) 비즈니스선교

몽골에서 비즈니스선교를 하는 한국 선교사들 가정이 있다.

K 선교사는 울란바타르에서 200여 킬로미터 떨어진 지방에 대규
모 농지를 정부로부터 장기 임대받아 감자와 농작물을 재배하여 판매
하고 공동체 생활을 하는 등의 사역을 20년 이상 해오고 있다.

L 선교사는 10여 년 전부터 전 세계적으로 알려진 몽골의 유명한
관광지 '테렐지 국립공원'에 여행객들을 위한 캠프를 매입하여 운영하
고, 울란바타르 시내에서 식당을 경영해 왔으며, 현재는 울란바타르 시
내 두 곳에서 카페와 한국 푸드 체인점인 '본죽' 매장을 운영하고 있다.

그리고 울란바타르에서 멀리 떨어지지 않은 중앙도 도청 소재지
인 종모드에도 '본죽' 체인점을 운영하는 선교사 가정이 있고, K 선교사
는 2014년부터 울란바타르 시내에 '빈트리' 커피숍을 운영하면서 사역
하고 있다.

9) 스포츠선교

1990년대 후반부터 올림픽과 아시안게임 등 국제대회에서 금메달
을 획득한 한국의 스포츠 스타들이 선교사로 몽골에 들어와서 스포츠
를 통하여 선교를 하였다.

스포츠를 통한 선교 사역 가운데 가장 대표적인 것은 탁구이다.
1993년 K 선교사(기독교침례회)가 '솔몽 탁구클럽'을 세워 탁구를 통한
선교 활동을 펼쳤다. 이어 한국과 국제 스포츠계에도 잘 알려진 올림픽

금메달리스트인 Y 선교사가 1997년부터 5년 동안 탁구를 통하여 선교하였으며, 한국 탁구국가대표 남자팀 주장이었던 P 선교사도 1996년부터 5년 동안 몽골에서 탁구를 통하여 선교를 하였다. 또한 이들은 몽골 탁구선수들을 훈련하였으며, 지금도 탁구 교류를 통하여 지속적으로 몽골의 기독교인 탁구선수들을 돕고 있다.

1992년 몽골에 입국한 A 선교사도 몽골 축구협회를 도와 스포츠 선교를 하였으며, 2009년에는 P 선교사가 '할렐루야 농구단'을 만들어 몽골 농구협회에서 주관하는 정기 시리즈 경기에 출전하며 농구를 통하여 선교하기도 하였다. 그리고 태권도를 통해 초·중·고교와 대학의 정규수업과 동아리나 클럽 등에서 활동하고 있는 선교사들도 있다. 이러한 사역은 학생들의 신체 단련뿐만 아니라 교회 개척과 제자 양성을 위한 교두보로서 교육 사역 혹은 접촉 사역이라 할 수 있다.

2008년에는 J 선교사가 여자배구 몽골 국가대표팀을 창단하여 배구를 통한 선교 활동을 하였다.

10) 해외선교 활동

앞서 2장에서 몽골 교회는 복음을 받아들인 지 10년이 조금 지난 2002년부터 본격적으로 해외선교에 적극적인 관심을 보이고, 이를 실행에 옮겼다는 것을 살펴보았다.

한국 선교사들도 몽골 교회의 해외선교를 적극적으로 장려하며 지원하였다. 몽골 예수전도단을 설립한 B 선교사는 2010년 이전부터 러시아 부랴트 공화국, 이르쿠츠크 등지를 다니며 몽골 교회의 해외선교 동원을 위한 개척자 역할을 하였다. 현재 몽골 예수전도단은 몽골에서 가장 활발한 선교 활동을 벌이고 있는 단체들 가운데 하나다.

한국 선교사들이 중심이 된 '인터콥', 'GO' 선교단체와 그 단체에서 사역하는 한국 선교사들은 몽골 교회의 해외선교 동력을 위해 열성적으로 활동하고 있다. '비전스쿨'을 비롯하여 다양한 선교훈련을 실시하며 선교동원, 단기선교, 선교사 파송에 열심을 다하고 있다. 특별히 몽골 국제대학은 몽골뿐만 아니라 러시아와 중국, 아프가니스탄 등지에 살고 있는 젊은이들을 선교할 목적으로 학생들을 선발하여 다양한 선교 활동을 펼치고 있다.

L 선교사는 '행복한교회'를 개척하여 사역하면서 2007년부터 러시아 시베리아 지역에 선교사를 파송하는 일에 힘썼다. 2007년 이후 어융체체크, 보양델게르, 나랑고 등 세 선교사를 차례로 러시아 이르쿠츠크에 파송하여 그곳에 있는 1천 명이 넘는 몽골 유학생들과 범 몽골족을 대상으로 선교 사역을 펼치고 있다. 2007년에는 몽골 국가대표 탁구 선수 출신 자매를 중동 Y 국가에 1년 동안 스포츠 전문인 선교사로 파송하기도 하였다. 2011년부터 2년여 동안 20여 명의 한인 선교사들과 연합하여 '몽골선교 네트워크'를 창립하여 몽골 교회의 선교운동과 선교동원 및 훈련을 위하여 활동하였다. 2010년부터 시베리아의 노보시비르스크, 크라스노야르스크, 돔스크, 이르쿠츠크, 울란우데 등지에서 사역하는 한국인 선교사들과 몽골에서 사역하는 선교사들이 연합하여 '시베리아·몽골 포럼'을 결성하고 양국에서 사역하는 30여 선교사들이 네트워크를 하여 서로 협력하며, 2년마다 선교전략 포럼을 열어 선교협력 활동을 벌이고 있다.

Y 선교사는 몽골과 국경을 맞대고 있는 남쪽의 중국, 북쪽의 러시아와 연결되는 주요 지역과 도시마다 선교 거점이 되는 교회를 세워 선교하는 '관문선교'에 큰 관심을 가지고 주요 관문도시들을 다니며 선교 활동을 벌이고 있다.

3. 한국 선교사들의 몽골선교의 특징과 활력의 원인

몽골선교에 임하는 한국 선교사들의 특징과 그들이 몽골에서 왕성하게 활동할 수 있었던 원인을 차례로 고찰하여 본다.

1) 한국 선교사들의 몽골선교

한국 선교사들의 몽골선교의 특징을 총체적인 선교 사역, 연합에 최우선적 관심, 장·단기선교의 조화, 안정적 선교환경 조성이라는 네 가지 측면에서 고찰하여 본다.

① 총체적인 선교 사역

한국 선교사들은 몽골에서 총체적·전인적 선교 사역을 감당하였다. 전호진 박사는 "현대 선교는 선교지의 복잡한 정치·경제·사회 문제로 말씀만을 요구하는 것이 아니라 개발, 봉사, 해방 등을 요구하고 있다. 선교지마다 가난, 미신, 우상, 질병, 억압, 무지 등 해결해야 할 과제가 많다"라고 선교지의 상황을 설명하고 있다.[35]

공산·사회주의가 무너지고, 그동안 정치, 사회, 경제 등 전반적인 부분에서 몽골을 돕고 원조하던 구소련이 철수함으로 선교 초창기 몽골의 정치, 사회, 경제는 말 그대로 공황상태였다고 할 수 있다. 그때 한국 선교사들은 영생의 복음뿐만 아니라 몽골인들의 가난, 질병, 무지, 억압 등의 문제를 해결하기 위하여 팔을 걷어 붙이고 뛰어들었다. 앞서 살펴본 것처럼 선교 초창기부터 몽골에서 사역하는 한국 선교사들은 거의 대부분 복음 전파나 교회 개척 같은 직접적인 사역뿐만 아니라 의료, 교육, 구호와 개발 등의 사역에도 힘을 기울였다.

2000년 이전까지 한국 선교사들이 헌신적인 수고로 몽골인들에게 '사랑을 베풀고, 나누어 주며 섬기는 사람'이라는 인상을 깊이 심어 주어 몽골인들이 쉽게 마음을 열었다.

② 연합에 최우선적 관심

한국 선교사들의 몽골선교의 가장 큰 특징은 연합과 협력이었다. 선교 초창기 몽골에 들어왔던 선교사들은 개인적인 사역보다도 연합을 더욱 중요하게 생각하여 연합과 협력의 기초를 굳건히 다져 놓았다. 초창기 선교사들은 사역의 중복투자를 피하고, 각자의 사역을 존중하여 연합하였다. 1997년까지 민주화 이후 7년 동안은 몽골 사회의 의식주에 필요한 물품들이 절대적으로 부족하였다. 이때 한국 선교사들은 "콩 한 쪽도 서로 나누어 먹는다"는 속담처럼 어려움 속에서 서로를 배려하며 돌보았다.

이러한 연합과 협력의 좋은 전통은 오늘까지 이어져 내려오고 있다. 2006년 몽골선교 15주년 당시 재 몽골 한인 선교사회에 소속된 회원 수는 241명으로, 몽골에서 사역하는 전체 선교사의 3분의 2 이상이 한인 선교사회에 소속되었다. 한인 선교사회는 매월 마지막 주 월요일에 정기모임을 가지며 식사와 교제, 예배와 회의, 기도회 등의 순서로 모임을 진행한다. 또한 친목을 위한 야유회와 체육대회를 열며, 연 2회 컨퍼런스를 열어 사역의 도전과 영적 성장을 돕고 있다.[36]

한정국 한국 세계선교협의회 사무총장은 "몽골선교는 한국 교회 선교의 협력과 전략이 집약된 곳"이라며 "향후 20년 선교도 협력을 바탕으로 한 전략적 접근이 이루어져야 한다"고 말했다.[37]

안교성은 몽골선교 동역의 변화 과정을 협력과 동역 차원에서 세 단계로 나누어 설명한다. 그에 따르면, 1991-1995년에 해당하는 '개척 시기'에는 한인 선교사들 간의 개인적인 동역이 시작되었고, 외국 선교사들과의 동역도 초보적으로 시작되었다. 그리고 1996-2000년의 '확장 시기'에는 한인 선교사들 간의 개인적인 동역이 계속되는 한편, 선교단체별 동역이 중요시되었고, 아울러 한인 선교사들이 다른 선교사들과 지도력을 공유하게 되었다. 계속해서 2001년 이후의 '다변화 시기'에는 한인 선교사들과 현지 교회 지도자들의 동역이 중요시되었는데, 안교성은 장차 현지 교회지도자들 간 동역의 발전을 위해 한인 선교사들이 기여하는 성숙한 모습이 필요함을 강조한다.[38]

③ 장·단기선교의 조화

한국인 선교사에 의한 몽골선교의 특징 가운데 하나는 장·단기 선교의 조화와 협력이라고 할 수 있다. 몽골선교 초창기부터 많은 한국인 선교사가 "몽골에서 뼈를 묻겠다"는 각오와 헌신으로 혹독한 기후와 척박한 환경인 몽골에 가족을 이끌고 와서 거주하며 장기적으로 사역을 하였다. 장기 선교사뿐만 아니라 한국 교회의 많은 단기 선교사와 선교팀이 몽골선교에 크게 기여하였다.

몽골에는 한국 선교사들이 세운 대학교, 선교사자녀학교와 기관들이 많아서 2년 미만의 단기선교사들이 사역할 기회나 자리가 많았다. 단기선교사들은 몽골에 와서 장기선교사들과 협력하고 도움으로써 몽골선교에 기여하였다. 그들은 선교사로서의 소명을 발견하고 다양한 선교 사역을 통해 몽골인들을 위한 봉사와 섬김을 경험하는 의미 있는 역할을 감당하였다.

몽골 단기선교팀(Vision Trip)이 몽골을 가장 많이 방문한 것은 2000년부터 2010년 사이이다. 특히 해마다 여름이 되면 한국의 교회, 기독교학교, 선교회와 선교단체, 개인 등 수많은 단기선교팀이 몽골을 방문하여 장기선교사들을 도와서 성경학교, 수련회, 의료 봉사, 지역사회 봉사, 지방 전도 등의 선교 활동을 하였다. 당시 몽골의 비교적 짧은 여름기간인 7, 8월에는 항공권을 구하기도 쉽지 않았고, 비행기 탑승객 중 절반 이상이 단기선교팀일 정도로 가히 '몽골 단기선교 붐'이 일었다.

여러 가지 부정적인 측면이 없는 것도 아니지만 단기선교팀이 몽골 장기선교사들의 사역을 돕고 협력하며 몽골 교회와 성도들에게 사랑의 수고와 섬김을 베풀었다. 또한 단기선교 후에도 지속적으로 선교사와 선교지 교회를 위해 기도하고 후원하며 지속적으로 협력하기도 하였다. 2010년 이후 몽골을 찾는 단기선교팀이 줄어들기는 하였지만, 지금도 여름이면 적지 않은 단기선교팀이 몽골선교에 동참하기 위하여 방문하고 있다.

④ 안정적인 선교환경 조성

몽골에서 사역하는 한국 선교사들에게는 선교 초창기부터 안정적으로 선교할 수 있는 환경이 잘 구축되었다. 현장에서 사역하는 선교사들이 가장 고민하는 문제는 안전 문제, 건강(의료) 문제, 자녀교육 문제 등이라고 할 수 있다.

몽골은 과거 공산주의 시절부터 치안이 잘 확보되어 있었고, 민주화 이후에도 작은 사건들은 일어나지만 비교적 치안과 안전이 잘 확보되어 있는 편이다. 또한 몽골선교 초창기부터 많은 의료선교사들이 몽골에서 사역하였다. 1994년 종합병원인 연세친선병원과 에바다치과병원이 세워지면서 몽골인들뿐 아니라 선교사와 가족들도 건강에 문제가 생길 때 많은 도움을 받을 수 있었다.

연세친선병원에 가면 언제든지 양질의 치료를 받을 수 있었고, 응급상황이 발생하면 의료선교사들이 밤낮을 가리지 않고 선교사 가정을 방문하여 선교사 가족들을 치료하여 주었다.

그리고 1998년에 울란바타르 선교사자녀학교가 세워짐으로써 많은 한국 선교사들은 자녀교육 걱정을 덜 수 있었다. 유치원부터 고등학교 과정까지 교육과정이 운영되고 있는 울란바타르 선교사자녀학교에서는 한인 선교사의 어린 자녀들이 외국으로 가지 않고도 저비용으로 정규 교육과정을 이수할 수 있으며, 헌신적인 교사 선교사들에 의해 철저한 신앙교육을 받을 수 있었다.[39]

2) 한국 선교사들의 왕성한 몽골선교의 원인

한국 선교사들이 몽골에 진출하여 왕성한 선교 사역을 폈고, 많은 기여를 한 것은 부인할 수 없는 사실이다. 특별히 한국 선교사들이 몽골에 교회를 개척하는 데 탁월한 활동을 하였다. 2006년 한국 기독교의 몽골 진출 15주년을 맞이하여 실시한 조사에 따르면 당시 울란바타르에 있던 219개 교회 중에서 전체의 3분의 2가 넘는 140개 이상의 교회가 한국 선교사가 세웠거나, 한국 선교사가 세운 교회들의 지교회인 것으로 나타났다.[40]

그리고 교육활동에서도 한국 선교사들이 세운 국제 울란바타르 대학교, 몽골 국제대학교, 후레 대학교는 몽골의 명문 사립대학으로 몽골에서 널리 알려진 대학들이며, 한국의 연세사회복지재단이 울란바타르 시와 협력하여 세운 '연세친선병원'도 몽골인들의 보건과 건강 증진에 크게 기여하였다.

한국 선교사들의 왕성한 몽골선교 활동의 원인에 대해 고찰한다.

① 개척선교지

몽골은 1990년 민주화로 70년 가까이 굳게 닫혀 있던 기독교 선교의 문이 활짝 열렸다. 한국 기독교는 1980년대 후반 사회주의가 무너지자 러시아, 중국, 중앙아시아, 몽골 등 구 공산권 지역으로 달려갔다. 기독교의 불모지이자 선교사의 손길이 닿지 않는 미개척 국가들을 향한 도전의 정신과 열정이 불타오른 것이다.

몽골선교 20주년을 분석하는 〈국민일보〉의 특집 기사에서는 한국 기독교의 몽골 진출 원인을 다음과 같이 분석했다.

몽골에 한국 교회의 영향력이 커진 이유는 몽골이 이른바 개척 선교지였기 때문이다. 세계선교의 후발 주자였던 한국은 대부분 기존 서구 선교사들이 활동하던 곳에서 선교 사역을 시작했다. 그러나 몽골은 달랐다. 1989년까지 공식적으로 선교사가 없던 땅이었기 때문에 개방 이후 한국과 서구 선교사는 동시에 선교를 시작했다. '남의 터'가 아닌 곳에서 한국 선교사들은 혼신의 힘을 기울였다. 교파를 초월했고 목사나 평신도가 하나가 되어 연합했다. 현재 몽골 교회의 리더십은 몽골 현지인과 서구 선교사, 한국 선교사로 구분됐다.[41]

② 지리적 인접성과 교통 인프라

몽골과 한국은 지리적으로 가깝고, 항공 인프라가 잘 구축되어 있다. 인천에서 비행기로 3시간 정도면 울란바타르에 도착할 수 있고, 현재 몽골항공, 대한항공, 에어부산 등에서 매주 평균 15편 이상의 직항편이 한국과 몽골을 가깝게 연결해 주고 있다. 지리적 인접성은 현지에 거주하며 선교하는 장기선교사들뿐 아니라 일시 또는 단기로 선교하기 위하여 몽골을 방문하는 사람들의 왕래를 용이하게 해주었다. 이러한 지리적 인접성과 교통 인프라는 한국 기독교의 몽골 진출에 크게 기여하였다.

③ 언어의 유사성

한국 기독교의 몽골 진출이 활발히 전개된 것은 양국의 언어적 유사성도 한몫을 했다. 몽골어는 알타이 어족에 속하며, 많은 학자들이 한국어도 알타이 어족에 속한다고 보고 있다. 알타이 어족에는 만주 퉁구스어파, 몽골어파, 튀르크어파의 세 어파가 있으며, 이들 어파에는 55개 개별 언어가 있는데, 각 어파에 11개, 10개, 34개 언어가 있다.[42]

한국어와 몽골어는 어순이 같고, 문법적으로 유사한 점도 많으며, 유사한 단어들도 찾아볼 수 있다. 한국인들이 몽골어를 빨리 배우는 데 다른 외국인보다 많은 장점이 있다는 것은 분명한 사실이다.

④ 민족적 친근함과 양국간 활발한 교류

몽골인과 한국인 모두 태어나면서 '몽골반점'을 가지고 태어난다. 그래서 몽골 사람들은 한국인을 자신들과 인종적·민족적 뿌리가 같다고 생각해서 아주 반갑고 친근하게 대해 준다. 필자의 경험으로는 몽골인은 세계 어느 나라와 민족보다 한국인을 가깝고 친근하게 대하는데, 민족적 동질성이 있다고까지 이해하는 민족은 몽골 외에는 많지 않다고 생각된다.

또한 민주화 이후 두 나라 사이에 정치·사회·문화·경제적으로 활발한 교류가 이루어지고 있는 것도 한국 기독교의 몽골 진출에 기여하였다고 할 수 있다. 한국·몽골 관계는 지속적으로 발전하여 '포괄적 동반자 관계'에서 '실질적 협력 관계'로 도약하는 계기를 마련하고 있다. 1990년 3월 26일 수교 이래 지난 25년간 세 차례에 걸친 관계 발전 양상을 살펴보면 아래 표와 같다.[43]

표 38. 몽골과 한국의 협력관계 발전 양상

연도	한·몽 협력 관계
1999	"21세기 상호보완적 협력 관계"(김대중 대통령 방몽 시)
2006	"선린우호협력 동반자 관계"(노무현 대통령 방몽 시)
2011	"포괄적 동반자 관계"(이명박 대통령 방몽 시)

또한 많은 몽골인은 한국을 좋아하여 한국인을 가까이 하고, 한

국어 배우기를 원한다. 이는 한국인 선교사들이 몽골에서 사역할 수 있는 많은 기회를 주었다.

⑤ 몽골의 시대적 상황

한국 기독교가 몽골 진출이 왕성했던 외적인 원인 외에 몽골인들 사이의 내적인 원인들도 있었다.

1924년 11월 24-28일 소집된 제1차 국가대회의에서 "몽골국은 향후 공화국이자 완전한 권리를 갖는 인민국가로 한다"고 헌법을 승인함으로 몽골인민공화국이 공식적으로 건국된 이후 66년 이상 지속되어 온 공산·사회주의 체제를 따르던 몽골은 1992년 1월 13일 새로운 민주적 헌법을 제정함으로 민주주의·시장경제 체제 국가로 완전히 전환하였다.[44]

그 후 새로운 체제가 시작되면서 많은 몽골인은 사상적인 공백과 환경적인 혼란 속에 소련 등 외국의 원조마저 중단됨으로 경제적인 어려움을 겪었다. 이러한 상황 속의 몽골인들에게 한국 기독교는 열정적으로 기독교 신앙을 전하고, 어려움에 처한 그들을 도와주고자 노력하여 많은 성과를 거둘 수 있었다.

4. 한국 선교사들의 몽골선교에 대한 평가

몽골이 민주화를 이룬 이후, 한국 선교사들이 몽골에 와서 선교 사역을 시작한 지 벌써 26년이 지났다. 이제 한국 교회와 선교사들의 몽골선교에 대하여 객관적이고 정확한 평가와 진단을 내려야 할 때가 되지 않았나 생각한다. 한국 교회와 선교사들이 활발하고 적극적으로 몽골에 진출하여 많은 성과를 거두었지만 여기에는 긍정적인 면과 부정적인 면이 상존한다. 이 점들을 고찰하여 본다.

1) 긍정적 평가

먼저 한국 선교사들의 몽골선교 사역에서 긍정적인 측면 가운데 대표적인 여섯 가지를 고찰하여 본다.

(1) 전환기 몽골에 사상적 기여

전환기는 과거와 현재, 옛 것과 새로운 것이 함께 존재하며, 새로운 것을 이해하고 받아들일 뿐 아니라 그것에 적응하기 위해 적지 않은 시간과 노력이 필요하고, 혼란과 불안정이 극대화되는 시기라고 할 수 있다. 특별히 과거에 추종하던 사회주의 무신론과 유물론 사상, 공산주의의 공동 소유와 분배 등이 더 이상 무의미해지고, 새로운 체제 속에서 새로운 것을 선택해야 하는 어려운 시기에 기독교는 새로운 정신적·사상적인 희망과 삶의 목표를 제시해 주었다. 한국 교회와 선교사들은 몽골인들에게 사랑과 용서, 꿈과 희망, 그리스도 안에서의 자유, 희생과 봉사, 진리와 영원한 생명, 세계 평화와 공존 등 기독교적 세계관을 심어주고, 직접적인 행동과 사역을 통해 보여 주었다.

(2) 몽골 기독교교회 개척

한국 선교사들의 몽골선교 사역 가운데 가장 괄목할 만한 부분은 몽골의 교회 개척 선교 분야에 크게 기여한 것이다. 1990년까지 단 한 개의 기독교교교회도 없던 몽골 땅에 지금 600개 이상의 교회가 세워졌다. 현재 몽골 기독교교회의 절반 이상은 한국인 선교사가 세웠거나, 한국인 선교사들이 세운 교회들의 지교회들을 통하여 세워졌다,

두그르마는 한국 선교사들의 몽골선교 15년을 평가하는 글에서 "한국의 형제, 자매들은 몽골에 복음을 전하고 교회를 개척하는 데 탁월한 능력을 발휘해 주었다"[45]고 평가한다.

(3) 몽골 교육 발전에 기여

한국 선교사들의 몽골선교 사역에서 교회 개척 분야 다음으로 몽골에 긍정적으로 기여한 부분은 교육 발전이라 할 수 있다. 한국 선교사들이 몽골에 세운 대학교는 5개가 넘으며, 유치원부터 초·중·고등학교까지 합하면 10개가 넘는다.

1995년에 세워진 '울란바타르 대학교'는 몽골의 사립대학교 가운데 가장 규모가 큰 대학으로 성장하여 현재는 유치원부터 초·중·고등학교 그리고 대학교와 대학원에 이르는 종합교육기관으로 발전하였다. 그리고 2002년에 세워진 '몽골 국제대학교'는 몽골 최초로 대학 4년 전 과정을 영어로 공부하는 학교로 명성이 높으며, 같은 해에 세워진 '후레 대학교'는 정보통신 분야에 특성화된 대학으로 널리 알려졌다. 그 외에도 2003년에 울란바타르에 '나담 대학교', 두 번째 도시 다르항에 '신다르항 대학교'가 세워졌다.

윤순재는 "몽골에서 교육선교 분야가 교회 개척과 함께 가장 활성화되어 크게 공헌하였고, 앞으로도 계속해서 발전해 갈 가능성이 무궁무진하다"[46]고 평가한다.

(4) 몽골 의료 발전에 기여

한국 선교사들은 몽골 의료 분야의 발전에도 적지 않은 기여를 하였다. 한국 기독교 역사 초기에도 한국 최초의 병원인 제중원을 시작으로 서울 연세세브란스병원, 대구 동산병원, 부산 침례병원, 전주 예수병원 등이 세워져 한국인의 건강과 의료, 보건과 위생 분야에 큰 기여를 한 것은 분명한 사실이다. 이와 같이 한국 기독교도 몽골에서 단순히 기독교 신앙만 전한 것이 아니라 교육, 의료, 빈곤 등 몽골인들의 삶에 실제적인 필요를 채워 주었다.

1994년에 종합병원인 연세친선병원이 울란바타르 시 보건국과 합작으로 세워졌고, 같은 해에 에바다 치과가 세워졌다. 그리고 말기암환자들을 위한 몽골 최초의 호스피스병원이 연이어 2002년에 세워졌다. 안타깝게도 2014년에 연세친선병원이 문을 닫았지만 현재도 10명이 넘는 의사선교사들이 몽골인들을 치료하고, 몽골 의료인들을 양성하기 위하여 노력하고 있다.

강지헌은 "연세친선병원은 몽골 국민들 사이에 좋은 시설과 실력 있는 의사들을 갖춘 병원으로 인정받고 있다. 에바다 치과도 최초의 사립치과병원으로, 지도적인 병원으로 자리매김하고 있으며, 몽골 미래의 치과계를 이끌어 갈 기독치과의사들과 기독치과대학생들을 훈련하고 있다"[47]고 의료선교를 평가한다.

(5) 몽골 사회에 대한 봉사

한국 선교사들이 몽골에 끼친 영향 중에 또 다른 하나는 몽골 사회에 대한 구제와 봉사, 자선과 나눔을 통한 봉사라고 할 수 있다. 한국 기독교에서 최초로 몽골에 진출한 것도 한국기독교총연합회의 '사랑의 쌀 나누기'이며, 지금까지 26년 동안 지속되고 있다. 그리고 국제기아대책기구, 지구촌나눔운동, 월드컨선 등 대표적인 기독교 봉사·구호 단체들이 몽골에서 활동하고 있고, 한국 선교사들이 세운 구호, 봉사, 복지 비영리법인(NGO)도 20여 개가 넘는다. 한국 선교사들도 대부분 자신이 활동하고 있는 교회와 단체들을 통하여 어려운 이웃을 돕는 일을 하지 않는 사람이 거의 없을 정도로 전환기에 영적으로, 육체적·정신적으로, 가정적으로 어렵고 힘든 몽골인들을 실제적으로 섬겼다.

(6) 몽골 기독교지도자 양성

마지막으로 한국 선교사들은 몽골에서 사역하면서 교회 개척과 더불어 현지인 지도자와 목회자를 양성하는 일에 탁월하게 활동하였다. 1995년 몽골에 최초의 목회자 훈련기관인 '연합신학교(UBTC)'를 세울 때에도 한국 선교사들이 서양 선교사들과 협력하여 주도적으로 활동하였다.

몽골에 많은 교회가 세워지면서 교회들을 지도할 목회자가 더 많이 필요하였기 때문에 2000년 이후 한국 선교사들에 의하여 몽골 침례교신학교, 몽골 감리교성경학교, 몽골 장로교신학교 등이 차례로 세워졌다. 그리고 수도 울란바타르뿐 아니라 지방에 있는 교회들을 돕고 목회자들을 훈련하기 위하여 몽골 남부 고비사막 지역, 서부 알타이산맥 지역 등지에도 성경학교를 세웠다.

2) 몽골선교의 부정적 측면

한국 선교사들이 몽골에서 사역하면서 긍정적인 영향을 많이 미친 것이 사실이지만 한국 교회와 선교사들이 부정적인 영향을 적지 않게 끼친 것도 부인할 수 없는 사실이다. 한국 선교사들의 몽골선교에 끼친 부정적인 측면들을 고찰하여 본다.

(1) 현지인에 대한 이해와 배려의 부족

한국 선교사들이 몽골에 끼친 부정적인 영향 가운데 가장 큰 것은 몽골인들에 대한 이해와 배려가 부족하였다는 것이다. 이로 말미암아, 현지인들을 배려하고 그들의 입장에서 선교하기보다 가진 자의 위치에서 선교사 자신들이 원하는 대로 활동함으로 여러 부정적인 모습의 원인이 되었다.

한국인이 몽골어를 배우는 데 많은 장점이 있음에도 몽골어를 깊이 배우지 않고, 몽골의 문화와 관습에 대해 겸손히 배우고자 하는 노력도 부족하였다. 몽골인에 대한 이해와 인식이 부족한 탓에 한국에서 배우고 경험한 대로, '한국 스타일'로 활동할 수밖에 없게 되었다.

두그르마는 한국 기독교가 몽골에서 활동하면서 실수했던 부분들을 설명하며 다음과 같이 지적한다.

한인 선교사들의 몽골선교에 있어서 가장 두드러진 특징은 몽골에 한국 교회의 특성과 형식을 그대로 이식한 것이라 하겠다. (중략) 간혹 어떤 한인 선교사들은 그들이 가지고 있는 여러 가지 기반이나 직위, 지식, 특히 재정적인 지원능력을 내세워 교회의 권력을 틀어쥐고 독재적인 방식으로 사역하면서 몽골인들을 동역자가 아니라 하수인으로 대하기도 하는바, 이런 방식은 몽골인들의 신경을 자극할 수 있음을 알아 주기 바란다.[48]

몽골선교 20주년을 맞이하여 몽골 지도자 180여 명을 대상으로 한 조사에서도 '한국 선교사들이 몽골어 구사 능력이 부족하고, 교회

운영 능력도 부족하며, 몽골인들과의 인간관계를 잘 형성하지 못한다'
는 응답이 가장 많았다.[49]

(2) 지나치게 외형에 치중하는 선교

한국 교회와 선교사들이 몽골에 미친 부정적인 영향 가운데 또
다른 하나가 지나치게 외형을 중시한다는 것이다. 대형교회와 양적 성
장 추구, 기복주의 등의 부정적인 측면이 한국 선교사들을 통하여 몽골
에도 고스란히 전해졌다. 현지 상황을 고려하지 않고 먼저 건물만 크게
짓고, 모이는 사람 수나 활동 크기와 규모 등 외형적인 면을 우선시하는
모습이 오늘날 몽골 기독교에도 적지 않게 스며들었다. 그래서 몽골인
들이 교회를 외국에서 들여온 자본을 가지고 여러 가지 필요한 것들을
나누어 주는 장소로 인식하게 만들었다.

바야르마는, "오늘 몽골에서 활동하고 있는 기독교의 대부분 교회
와 기관들은 외국인들이 투자해서 세운 것이다. 다른 말로 하면 '부자단
체'라는 이름으로 활동하고 있다. 이것은 젊은이들이 누구의 손발이 되
고, 누구의 지시를 받아 무엇을 하고 있다는 것인가?"라고 기독교의 물
량주의 활동을 꼬집는다.[50]

글렌몰린도 현대 몽골 불교에 시련과 피해를 주는 7가지 요소를
설명하는 가운데 한국 기독교를 '영혼 구매자들'이라고 부르며 "몽골 전
통문화가 회복되는 시기에 한국, 미국에서 재정 지원을 받는 기독교 설
교자들이 아주 큰 장애와 어려움을 가져다주고 있다"[51]라고 설명한다.

(3) 교파분열적 선교

한국 선교사들이 몽골선교 사역을 하면서 한국 교회처럼 교파, 교
단으로 나뉘어 분열하는 모습을 보인 것도 사실이다. 한국 교회는 신학
이나 교리적인 차이가 거의 없음에도 지연, 혈연, 학연 등으로 서로 대립
하고 갈등하다 교파가 나뉜 경우가 허다하다.

한국 기독교가 전 세계 곳곳에 선교하면서 '교파 중심의 교파 이
식 선교'를 추구한 것은 사실이다. 그러나 몽골인들은 인구가 적기 때문

에 분열보다는 국민통합을 아주 중요하게 생각한다.

두그르마는, "한국 선교사들이 겉으로는 연합을 추구하는 것처럼 보이지만, 한편으로는 당파로 나뉘어 있고 의견이 서로 충돌하고 있다는 것은 더 이상 비밀이 아닌 주지의 사실이다. 교파라는 단어를 몽골 땅에서 예수 이름으로 몰아내기를 원한다"[52]고 힘주어 말한다.

(4) 타종교를 배려하지 않는 공격적 선교

한국 교회와 선교사들은 몽골의 전통 종교를 배려하지 않고, 무조건 비판하거나 공격한다고 생각하는 몽골인이 적지 않다. 기독교의 유일신 신앙의 특성상 다른 종교를 관용하고 포용하는 것 자체는 결코 쉽지 않다. 그러나 현지 문화와 상황을 고려하고, 그들의 입장에서 그들의 문화와 종교를 존중하는 것이 필요하다. 많은 몽골인이 기독교의 공격적인 선교에 따라 몽골 전통 종교인 불교가 위축될 것을 우려하고 있다.

베나 A. 올리스는, "지난 20년 동안 몽골인들의 정신과 사상의 필요한 부분에 다른 종교의 설교자들이 자신들의 종교를 집어넣기 위하여 노력했다. 과거 공산주의자들처럼 '우리는 주지만 불교는 빼앗는다'라며 불교에 대항하는 사상을 퍼뜨리고 있다. 유물주의 무신론자들, 성장하고 있는 기독교, 샤머니즘은 불교를 현대사회에 맞지 않다는 식으로 모독, 모함, 공격하고 있다"[53]며 기독교를 비롯한 다른 종교의 공격적 활동에 큰 우려를 표하고 있다.

바양차강은 몽골 불교의 미래 발전에 당면한 어려움의 극복 방안을 논하면서 다종교사회에서 종교 간 상호 협력과 이해가 필요함에 대하여 다음과 같이 말한다.

다종교가 공존하는 민주국가에 살고 있기 때문에 불교 신자들도 다른 종교의 사원, 교회 모임의 활동을 연구하고, 사회에 유익이 되는 활동에 협력할 필요가 있다. 종교들에 대한 통합정보실을 만들어 사회 발전의 올바른 방향으로 활동을 진행해야 할 필요가 있다. 그리고 많은 사회단체들과도 협력하여 활동함으로 행복한 미래를 위하

여 많은 일을 할 것을 수많은 사람들이 승려와 종교인들에게서 고대하고 있다.[54]

몽골 국민이나 종교인들도 민주화 이후 몽골이 다종교사회가 되는 것을 일반적으로 잘 인식하고 있다. 몽골에서 종교 간 갈등, 상호 대립, 비난과 모함을 피하고 서로 이해하며 함께 협력할 것을 바라고 있다는 것을 우리는 알 수 있다. 이제 한국 교회와 선교사들은 몽골에서 활동할 때 그들의 문화와 전통을 무시하고 공격하기보다는 그들을 존중하면서 신중하고 지혜롭게 선교해야 할 필요가 있다.

IV

—

몽골선교의 과제와 미래 전망

지금까지 몽골의 일반적인 현황, 몽골선교 현황, 한국 선교사들의 몽골선교에 대해 고찰하여 보았다. 이제 마지막으로 몽골선교의 당면 과제와 몽골선교의 미래를 전망하여 보고자 한다.

1. 몽골선교의 과제

몽골 땅에 복음의 문이 열리고, 단 한 명도 기독교인이 없던 나라에 수만 명의 기독교인이 생겨난 지 이제 30년을 바라보며 달려가고 있다. 현재 몽골선교가 직면한 문제가 무엇인지 고민하지 않을 수 없다. 몽골선교의 당면 과제를 성숙한 현지인 지도력 개발과 훈련, 전인적인 돌봄, 건강한 토착교회 형성, 몽골 전통 종교 부흥, 이단들의 도전, 기독교의 대사회적 영향력 확대, 선교사 출구전략, 연합과 협력의 지속의 순으로 고찰하여 본다.

1) 성숙한 현지인 지도력 개발과 훈련, 전인적인 돌봄

몽골선교가 시작된 지 26년이 지난 현재 몽골 교회의 미래는 외부 선교사가 아니라 몽골 현지인 목회자에 달려 있다 해도 과언이 아니다. 지난 26년 동안 한국과 미국을 비롯한 동·서양의 1천여 명이 넘는 선교사가 몽골 복음화와 현지 지도자 양성을 위해 힘써 수고하였다.

현재 몽골에는 공식 안수를 받은 385명의 목사가 있으며, 안수 받지 않은 목회자나 평신도 지도자까지 포함하면 600명 이상의 지도자가 있다. 몽골 목회자와 지도자들을 하나님의 말씀으로 훈련하여 영성과 인격을 겸비한 지도자, 교회와 세상에서 영향력 있는 신실한 지도자가 되도록 해야 한다. 그리고 가정적, 재정적, 사역적, 개인적으로 지원하고 돌보며, 격려하고 충고할 뿐 아니라 지도하며 감독하여야 한다.

2016년 3월과 4월에 걸쳐 5년 이상 목회 사역을 한 경험이 있는 몽골 목회자 30명과 5년 이상 몽골에서 사역한 한국 선교사 25명을 대상으로 실시한 설문 조사에서도 미래 몽골 교회의 가장 중요한 부분은 현지인 지도자 양육과 돌봄이라고 응답하였다.[1]

앞선 몽골 교회의 현황에서 보는 대로 몽골 교회는 2010년 이후 서서히 쇠퇴하는 경향을 보이는데, 몽골 교회의 쇠퇴 원인에 대해 몽골인 지도자들과 한인 선교사들 모두 현지인 지도자 양성이 부족한 것이라고 답변하였다. 지금까지 몽골인들에게 복음을 전하고 교회는 많이 세웠지만 세워진 교회를 바르게 목양할 영성, 인격과 실력을 겸비한 지도자들을 키우는 데는 부족하였다는 것이다. 많은 사람에게 복음을 전하고 아무리 많은 교회를 세워도 그들을 목양할 신실한 현지인 지도자가 세워지지 않으면 좋은 결과를 기대할 수 없을 것이다. 복음을 받은 사람이 그리스도의 제자로 세워지기 위하여, 세워진 교회가 지역과 민족과 열방을 품는 건강한 교회가 되기 위해서는 반드시 좋은 지도자들이 양성되어야 한다. 그리고 양성된 지도자들을 잘 돌보아야 한다.

몽골 교회가 다시 회복되기 위해 필요한 것의 핵심은 몽골 현지인 지도력 개발과 전인적인 돌봄이라고 생각한다.

설문 조사에서는 몽골 교회가 다시 회복하기 위한 여덟 요소, 즉 현지 목회지도력 개발과 훈련, 안정적 재정 지원, 선교사들의 의식 전환, 몽골 정부의 정책 변화, 선교사 간의 연합과 협력, 선교사와 현지인 지도자 간의 협력, 정확한 정보와 현장 조사, 비즈니스선교 등을 들었다. 다른 의견이 있을 경우 기타 의견으로 기록해줄 것을 몽골인 사역자들과 한인선교사들에게 요청하였다. 이에 대한 몽골인 사역자들과 한인 선교사들의 답변은 아래 표와 같다.

표 39. 몽골 교회가 회복하기 위한 요소

No.	중요 요소	몽골인 사역자(명)	비율(%)	한인 선교사	비율(%)
1	현지인 목회 지도력 개발·훈련	25	41.7	22	44
2	안정적인 재정 지원	5	8.3	2	4
3	선교사들의 의식 전환	3	5.0	9	18
4	몽골 정부의 정책 변화	1	2.0	1	2
5	선교사 연합과 협력	0	0.0	0	0
6	선교사·현지인 지도자 협력	14	23.3	10	20

7	정확한 정보, 현장 조사	1	1.7	5	10
8	비즈니스선교	4	6.7	0	0
9	기타	8	13.3	1	2
	전체	61	100	50	100

몽골인 사역자들은 몽골 교회가 다시 회복되기 위하여 어떠한 요소가 필요하다고 생각하느냐는 질문에 전체 응답자의 2/3정도가 몽골인 사역자들의 현지 목회 지도력 개발과 훈련, 선교사와 현지 지도자 간의 협력, 이 두 가지 요소를 꼽았다. 다음으로 안정적인 재정 지원과 비즈니스를 결합한 사역과 같은 재정적인 문제를 들었다. 그리고 기타 의견으로는 '선교사 파송과 선교 지향'이라는 응답이 2명, '주일학교에 관심', '사회 발전의 이해와 적응', '몽골 교회의 연합'이라는 응답이 각 1명, 무응답이 3명이었다.

한인 선교사들도 전체 응답자의 절반 가까운 44퍼센트는 몽골 교회가 다시 회복하기 위하여 현지인 목회자 지도력 개발과 훈련이 필요하다고 응답하였다. 다음으로는 선교사와 현지인 지도자간 협력, 선교사들의 의식 전환, 정확한 정보와 현장 조사 순으로 응답하였다. 선교사들은 현지인 지도력 개발과 훈련 못지않게 선교사들이 현지인 지도자들을 존중하고 협력하는 등 바뀐 선교환경 변화에 따른 의식 전환이 필요하다고 생각하고 있다.

이제 몽골선교는 선교사들이 새로운 교회를 세우는 것 만큼이나 세워진 교회들을 건강하게 세우는 일에 관심을 기울여야 하며, 새로운 지도자들도 훈련해야 하지만, 현재 세워진 몽골인 목회자들을 훈련하고, 지도력을 개발해 주고, 그들이 영적, 육체적, 가정적, 재정적, 사역적, 사회적인 측면 등 전인적으로 건강하게 사역할 수 있도록 돌보고 지도하는 일이 중요하다. 이것이 몽골 교회의 미래를 결정짓는 가장 중요한 과제다.

몽골 목회자 가운데 정규 신학교육을 받지 않은 목회자가 절반이 넘는다. 특히 지방에서 사역하는 목회자들의 경우에는 정규 신학교육을 받지 않은 사람이 더욱 많다.

몽골 복음주의연맹이 실시한 설문에 답한 몽골 목회자 544명의 성경교육 수준을 보면 전체의 절반 이상이 정규 신학(성경)교육을 받지 않고 목회하고 있는 것을 알 수 있다. 이들의 신학(성경)교육 수준은 아래 표와 같다.[2]

표 40. 몽골 목회자들의 신학(성경)교육 수준

종류	학사	석사	박사	단기(3–6개월)	수료증
인원(명)	133	48	10	215	138

목회자들이 신학(성경)교육 수준이 높다고 목회 사역을 잘하는 것은 아니지만 하나님의 말씀인 성경을 올바르게 가르치고, 이단들이 점점 더 기승을 부리는 상황에서 교회와 성도들을 건강하게 목양하려면 최소한 2년제 이상의 정규 성경학교나 신학교육 과정을 거치도록 해야 한다. 그리고 연장 교육과 계속 교육을 통하여 영적으로, 지적으로, 사역적으로, 가정적으로 건강한 목회를 하도록 몽골인 목회자들을 지속적으로 돌보고 훈련해야 한다.

2) 건강한 토착교회 형성(자립, 자치, 자전)

미래의 몽골 교회는 몽골인들이 자립, 자치, 자전하는 건강한 토착교회로 세워져야 한다. 몽골 교회가 선교 초창기에는 외국 선교사나 기독교 기관으로부터 재정적인 도움과 영적인 지도를 받았지만 이제는 스스로의 힘으로 복음을 전하고, 교회를 세우고 섬기는 일을 감당하여야 한다.

한국 교회는 선교 초창기부터 존 네비우스(John L. Nevius)가 주창한 독창적인 선교 방법인 네비우스 선교정책을 행함으로 건강한 토착교회를 세울 수 있었다는 것을 많은 학자들이 인정하고 있다.

박기호는 한국 선교 초창기에 네비우스 선교정책이 어떻게 시행되었는지를 아래와 같이 설명한다.

존 네비우스는 1853년 미국 장로교 해외선교부에 의하여 중국에
파송받았다. 수년 동안 효과적인 선교 방법을 고민하고 계획했던 네
비우스는 독자적인 선교 방법을 창안하였는데, 그 내용은 1886년
"개척교회 설립과 육성"이란 제목으로 인쇄되었다. 그는 한국에 주
재한 서양 선교사들의 초청으로 1890년 2주간 서울을 방문해 선교
사들과 함께 그의 생각들을 토의하며 시간을 보내고, 그의 선교 방
법을 전해 주었다. 그는 설명하기를, 조직적인 성경공부와 빨리 자
전, 자치, 그리고 자급하는 교회들이 되도록 육성하는 것, 그리고 선
교사들이 한국인 조력자들과 함께 광범위한 순회전도를 해야 할 것
을 포함하는 것이라고 설명하였다. 1890년 장로회선교부가 네비우
스 방법을 채택하였을 때 당 선교부는 오로지 100명의 교인밖에 없
었다고 보고하였다. 그 후 선교부는 가능한 한 신속하게 토착적인
한국 교회로 발전시켜 나가기로 결정하였다.[3]

전호진은 한국 교회를 예를 들어 건강한 토착교회를 세우는 원리
에 대하여 "자립, 자치, 자율의 선교는 위대한 선교원리이며, 한국 교회
선교에도 지대한 영향을 주었다고 한다. 한국 교회는 처음부터 선교하
는 교회로 출발하는데, 해외선교에서도 네비우스의 자립정신이 유감없
이 발휘되었다"[4]고 말한다.

선교 사반세기가 지난 몽골 교회를 어떻게 스스로의 힘으로 자립
(자급), 자치, 자전할 수 있는 건강한 민족교회, 토착교회, 자생력 있는 교
회로 세울 것인지 심각하게 고민하고, 다양한 방법들을 연구하며, 실패
를 두려워하지 말고 적극적으로 실행하여야 한다.

3) 몽골 전통 종교 부흥에 대한 적절한 대처

1990년 몽골의 민주화 이후 기독교뿐 아니라 몽골의 전통 종교인
티베트 불교와 샤머니즘도 빠른 속도로 부흥하고 있으며, 기독교와 경
쟁을 벌이고 있다.

몽골의 종교인, 정치인, 학자들 가운데는 외국에서 들어온 기독교

가 몽골 전통 종교인 불교와 마찰을 일으키고, 인구 3백만이 조금 넘는 몽골에 다양한 종교가 들어와 종교 간 갈등으로 국론이 분열하는 것을 우려하는 사람들도 있다.

툽싱은 민주화 이후 몽골에 기독교가 확장하는 것을 염려하면서 "몽골에 기독교의 영향"이라는 글에서 다음과 같이 말한다.

몽골에 기독교가 강력하게 전파되는 것은 1990년의 민주혁명 이후 몽골 전통문화를 회복하는 일과 함께 시작되었다고 본다. 오랫동안 닫혀 있던 사회가 열리고 종교를 믿는 자유가 회복되면서 사람들이 전통 종교를 회복하였다. 1990년까지 대부분 무신론자였던 몽골 사회는 거의 100퍼센트 불교를 믿게 되었다. 그러나 불교가 회복되고 많은 절이 건립되었지만 오늘날 돌아보면 불교 사원보다 전통이 아닌 기독교가 강력하게 전파되어 어린이, 청년부터 나이든 사람들까지 기독교에 빠져 들어가고 있다.[5]

베나 A. 올린스는 몽골의 종교 간 갈등을 우려하며 다음과 같이 주장한다.

몽골의 불교인들이 유감스럽게 생각하고 있다. 각 종교들이 불교보다 더 좋다고 선전하면서 대부분 말과 행위들로 불교를 대항하는 사상을 표현하고 있다. 샤머니즘과 기독교는 라디오, 텔레비전 프로그램을 통해 공개적으로 무시하고, 모독하는 모습이 보이고 있다. 2000년 이후 기독교도들과 샤머니즘 신봉자들이 지방에 있는 불상을 무너뜨리고, 날라이흐 시의 간단사원 소속 강의실을 불태우는 등, 무력을 사용하는 일도 일어났다. 기독교, 이슬람과 불교인들 간에 다툼과 분쟁이 나고, 위에 말한 것과 다른 종류의 무력을 사용한 사건이 일어나기도 하였다.[6]

종교 갈등을 우려하는 사람들도 있지만 몽골 헌법에는 종교와 사상의 자유, 집회와 결사의 자유가 분명히 보장되어 있다. 몽골 헌법 2장 16조 15항에서는 "종교를 믿고 믿지 않을 자유가 있다." 16항에서는 "신앙을 갖는 것, 사상을 자유롭게 표현하는 것, 말하는 것, 출판하는 것, 평화적인 시위, 집회를 가질 자유가 있다. 시위와 집회의 규칙은 법으로 정한다"라고 분명히 밝히고 있다.[7]

그리고 몽골은 세계화 시대에 서구 민주주의 국가들을 비롯한 전 세계의 다양한 국가들과 밀접하게 교류하고 있으며, 종교의 자유는 국제적으로 인권 문제와 직접적인 관련이 있기 때문에 몽골이 다종교사회가 되는 것은 앞으로 피할 수 없는 것으로 보인다.

그러나 많은 몽골인이 종교를 전통 종교와 외부 종교, 이 둘로 명확하게 구분한다. 그들은 티베트 불교를 전통 종교로 중시하며, 1990년 민주화 이후 전통의 회복과 복원에 많은 관심을 기울이고 있기 때문에 전통 종교를 우대할 수밖에 없는 것 또한 사실이다.

이러한 현실 가운데 몽골 기독교는 다른 종교들과 대립과 갈등을 피하면서도 기독교 신앙의 진리를 지키고 전파하여야 하며, 말이 아니라 예수님이 보여 주신 사랑과 관용, 용서와 희생, 나눔과 섬김으로 기독교 복음의 진수를 빛과 소금으로 나타내어야만 한다.

4) 이단들의 도전

현재 몽골에는 정통 기독교 교단뿐만 아니라 많은 이단이 들어와서 적극적으로 활동을 벌이고 있다.

몽골선교 초창기부터 서구에서 발생한 '몰몬교(말일성도 예수그리스도의 교회)', '안식교(제칠일안식일 예수재림교회)', '여호와의증인' 등이 대표적인 예다.

그리고 한국계 이단인 통일교, 구원파, 안상홍하나님의교회, 신천지 등이 몽골에도 들어와서 몽골 교회와 성도들을 생명과 진리의 복음에서 이탈시키기 위하여 다양한 방법으로 치밀하게 유혹하고 있다.

한국계 이단으로 몽골에 들어온 지 20년 이상 되며 "평화, 가정"이라는 슬로건으로 다양한 분야에서 광범위하게 활동하고 있는 대표적인 이단으로 통일교가 있다. 통일교는 1994년 일본인 가정이 처음 몽골에 들어와 '평화를 세운다'는 명목으로 활동을 시작하였다. '세계평화운동'이라는 이름 아래 활동하는 18개 기관(연맹)을 만들어 적극적으로 활동하고 있다. 평화(연합)교회, 지도자센터, 세계평화를 위한 몽골여성협회, 세계평화를 위한 몽골가족협회, 야르고이 유치원, 국제교육재단, 세계평화를 위한 국제종교관계 몽골협회, 문화센터, 평화봉사단, 십자가협회, 청년협회, 통일무도, 백세병원, 평화대학 등의 기관에 80여 명이 넘는 전임 활동가가 있다.[8]

　"'문'이라는 이단을 따르는 사람이 매일매일 늘고 있다"는 몽골 언론 기사에서는 "오늘 몽골에 통일교를 믿는 5천 명의 열성 신도가 있다. 그들 중 일부는 영향력 있는 공직을 맡고 있거나 몽골 정치에 관여하는 사람들이다"라고 보도하고 있다.[9]

　몰몬교는 울란바타르 시내 요지에 큰 건물을 짓고 활동하고 있으며, 구원파는 모든 지방의 도청소재지마다 시내 중심부에 센터 건물을 짓고 공격적으로 포교활동을 하고 있다.

　가나는 수많은 기독교 분파, 이단들이 물밀듯 몽골에 들어와서 미치는 사회적 악영향에 대하여 다음과 같이 우려를 나타낸다.

민주화 이후 우리나라에 기독교인들이 떼를 지어 몰려왔다. 우리는 알지 못하기 때문에 모두를 '기독교도'라고 부르고 있지만 실제적으로 교단, 교파, 분파, 이단 등 3천여 '종교'가 있다는 것을 최근에 이해하고 있다. 일부는 비밀 조직형태로 활동하고, 개인을 사회에서 분리해 고립시키고, 자살하는 등 많은 문제를 일으키는 경향이 있다. 그들 중 일부는 서로 관계가 좋지 못하고, 일부는 서로 원수처럼 대하기도 한다. 정부가 가능하다면 모든 것을 조사해서 사회와 개인에게 악영향을 미치고 개인을 고립시키거나 위험한 활동을 하는 것을 사회에 알리고, 중지하거나 유입을 막는 등의 조치를 취해야 한다.[10]

세상의 마지막 때에 수많은 거짓 그리스도와 거짓 선지자가 등장하여 교회와 믿는 사람들을 미혹하는 것은 전혀 이상한 것이 아니다. 예수님께서 이미 말씀(마 24장)하셨고, 신약성경 시대에도 수많은 이단(갈 1장, 골 2장, 요일 2, 4장 등)이 있었다. 예수님의 재림이 가까울수록 더 많은 이단이 발생할 것이며, 몽골 교회와 성도들을 향한 이단들의 미혹과 공격이 더욱 강해질 것이다.

이단들의 공격을 막아내기 위해서는 그들의 거짓 신앙의 실체를 밝히는 자료들을 만들어 보급하고 이단 세미나를 열어 몽골 목회자와 성도들이 거짓 이단들로부터 자신들의 신앙과 교회를 지키는 방법들을 가르쳐주어야 한다. 그리고 이단들을 대항하기 위하여 몽골 복음주의 연맹을 중심으로 모든 교회가 하나로 연합하여 대처하여야 한다.

5) 기독교의 대사회적 영향력 확대

몽골에 기독교가 들어온 지 27년이 지났다. 몽골선교 초창기 외국에서 들어온 선교사들은 체제 전환기의 경제적 어려움에 처한 가난한 사람들에게 먹을 양식과 입을 옷을 나누어 주고, 젊은이들에게는 외국어와 컴퓨터 등을 가르쳐 주는 등의 구호와 자선 사역을 많이 펼쳤다. 사랑과 봉사, 섬김과 나눔의 기독교적 가치관의 실천이 몽골인들에게 큰 영향을 미쳤고, 많은 몽골인이 교회로 들어왔다.

이제 몽골 교회들 가운데 1천 명 이상 모이는 대형교회들도 생겨났고, 많은 지역에 현지 교회들이 세워졌다. 몽골 교회들이 지역사회에 꼭 필요한 존재로서 지역과 지역민의 아픔에 동참하고, 그들을 돕는 구체적인 활동들을 통해 지역사회에 없어서는 안 될 존재로 인식되어야 한다. 이것은 꼭 물질적으로 돕는 것만을 뜻하는 것이 아니다. 교회가 위치한 지역사회와 지역민의 필요와 처한 문제들을 정확하게 파악하여 최선을 다하여 이를 섬기고 도와야 한다.

몽골 사회 전체로 보면 몽골 기독교의 영향력이 아직은 미미하지만 앞으로 정치, 사회, 경제, 문화, 예술, 교육, 체육, 의료 등의 사회 전 분야에서 영향력을 발휘할 수 있는 기독교인 지도자들을 양성하고 배출하여 몽골 사회에 영향력을 나타내어야 한다.

몽골의 불교와 샤머니즘 등 전통 종교를 자처하는 입장에서도 환경보호 등 사회봉사를 통하여 영향력을 점점 확대하고 있다. 특별히 몽골 불교는 몽골 정부와 국제환경보호기관의 지원을 받아 환경보호활동에 적극적으로 나서고 있다. '종교와 환경보호 협회', 몽골 불교의 중심 간단 사원, 몽골 환경관광부 등이 협력하여 8년간의 환경보호 활동 계획을 세우고 '몽골 불교인들의 환경보호 활동'이라는 이름으로 적극적으로 활동하고 있다.[11]

몽골 교회도 단순히 가난한 사람들을 구호하는 차원을 넘어 교회들이 연합하여 환경보호, 자연보호 등과 같은 사회적 활동에 적극적으로 나서야 할 때이다. 몽골 교회와 기독교인들이 복음의 진리를 말이 아닌 행동으로 보여 주고 실천하며, 몽골 기독교인들이 사회 각 분야에서 하나님의 사랑과 공의를 나타내는 건강한 구성원으로 자리매김할 때 몽골 기독교는 더욱 공고히 세워지게 될 것이다.

6) 선교사 출구전략

몽골선교는 지금 어떤 시기에 와 있는가? '지금'이 선교사들이 몽골에 선교하기 위하여 들어와야 하는 시기인가, 아니면 사역을 몽골 현지인에게 이양하고 몽골을 떠나야 할 시기인가를 성령의 인도하심과 거쳐 온 선교 역사의 교훈, 하나님의 부르심과 몽골 교회에 대한 정확한 상황 이해를 통해 분별해야 한다.

2010년 이후 몽골 선교사들 사이에 '선교사 출구전략'에 대한 관심이 일며 토론이 있었다. 한국의 장로교단 몽골 현지선교부는 이 문제를 놓고 고민하며, 심도 있게 토론하는 전략회의를 갖기도 하였다

랄프 윈터(Ralph D. Winter)는 선교회(선교사)와 현지 교회의 관계에 대해 다음과 같은 네 발전 단계를 제시한다.

첫째. 개척 단계: 어떤 종족집단과 처음으로 접촉하는 단계
둘째. 부모 단계: 선교사가 현지 교회 지도자를 훈련하는 단계

셋째. 협력 단계: 현지 교회 지도자가 외국 선교사와 대등한 입장
에서 일하는 단계
넷째. 참여 단계: 외국인 선교사는 초청받은 때에만 참여하는 단계[12]

현재 몽골선교는 어떤 단계에 와 있는가? 몽골선교 20주년이 되던 2011년경 몽골 지도자들 가운데는 '협력, 동역 관계의 단계'라고 보는 사람이 많았다. 선교사들도 이를 인정하지 않을 수 없었다. 인구 300만 명이 조금 넘는 몽골에 600여 교회가 세워지고, 600여 현지인 목회자가 생겨난 지금은 선교사들이 협력과 동역의 단계를 넘어 참여의 단계에 이르렀다고 보아도 될 것이다.

몽골의 선교 상황도 선교사들이 현지인들을 주도하면서 적극적으로 활동하기 어려운 많은 법적·제도적 제약들에 직면해 있다. 2008년 이후 몽골에서 비자 목적 외의 활동을 하는 외국인 선교사들을 정부에서 적발하여 추방하는 사건이 점차 늘고 있다. 지금까지 선교사 수십 가정이 추방당하거나 자발적으로 철수를 결정할 수밖에 없었다. 2008년 이전에는 선교사들이 어떤 비자를 받았든지 관계없이 비교적 자유롭게 선교 활동을 할 수 있었지만 2008년 이후 상황이 많이 달라졌다. 선교사들은 언제든지 급작스럽게 추방당할 수 있다는 데 위기를 느끼게 되었고, 자연스럽게 선교사가 없어도 현지인들이 스스로 교회와 사역을 진행할 수 있는 준비를 하는 데 관심을 갖게 되었다.

2010년 이후 선교사들은 본격적으로 몽골에서 선교사 출구전략을 계획하며 실행에 옮기기 시작하였다. 추방당하지 않았더라도 자신이 감당하는 사역들을 몽골 지도자에게 이양하고 선교지를 철수한 사례도 적지 않다.

최근 5년 동안 몽골에서 강제 추방된 외국인 수가 약 5분의 1로 줄었다고 한다. 2017년 11월 초에 열린 '외국인 이주운동의 방향과 당면 과제'라는 주제로 열린 국제학술대회에서 외국인 관리청은 다음과 같이 발표하였다.

우리나라에 법과 규정을 어겨서 공식 추방된 외국인 수가 최근 5년 동안 5배나 줄어들었다. 구체적으로 2012년 22개국 1,880명의 외국인이 추방되었다면 금년 11개월 현재 이 숫자는 30개국 341명으로 줄어들었다. 이같이 줄어든 원인은 초청자와 기관의 책임의식, 외국인 관리청의 감독, 검사가 철저해진 것과 관련이 있다고 발표하였다.[13]

이는 추방된 사람 수가 줄어든 것을 의미하는 동시에 그만큼 외국인에 대한 관리, 감시, 감독이 철저히 이루어지고 있음을 보여 주기도 한다.

2010년 이후 몽골에서 종교 목적의 비자와 비영리 봉사단체의 비자를 받는 것이 점점 까다로워지고 있으며, 더구나 비자 연장이 제때 이루어지지 않고 있고, 비자를 받기 위해서는 수백만 투그릭의 비용이 들어가는 등, 선교사들이 안정적으로 몽골에 체류하면서 사역할 수 있는 비자를 받기가 힘들어지는 형편이다.

이제 몽골선교는 선교사들이 원하는 것과 상관없이 몽골 교회와 지도자들의 요구와 법적·제도적 어려움 등으로 점차 몽골에서 철수할 수밖에 없는 상황이다.

이러한 때 선교사와 단체는 몽골의 상황에 선제적으로 대처하며, 미리 몽골선교 출구전략을 준비하고, 현지 교회와 지도자들이 스스로의 힘으로 활동할 수 있는 대책과 대안을 세우는 지혜가 어느 때보다 필요하다.

7) 연합과 협력의 지속

지금까지 몽골선교는 비교적 연합과 협력이 잘 이루어져 왔다. 2000년까지 몽골선교 초기 10년은 거의 교단과 교파를 구분하지 않고 연합하여 하나의 개신교 교단을 세우는 것이 목적이었다. 이를 위하여 신학교도 초교파 연합신학교를 세워서 함께 운영하였다. 그러나 2001년 이후 몽골에 백여 개 이상의 교회가 세워지고, 교단 신학교들이 하나 둘씩 설립되면서 교단과 교파들이 자기 색깔을 드러내기 시작하였다. 물론 이는 부정적인 측면만 있는 것은 아니다. 예를 들면 침례교, 감리교, 장로교, 오순절 교단 등은 신학이 서로 다르고, 교회 정치와 조직도 다르며, 목회자와 사역자들을 세우는 방법도 다르다. 이 모든 것을 무시하고 무조건적인 하나를 추구하는 것도 문제가 없는 것은 아니다. 전 세계 모든 개신교회가 신학과 교회 정치, 조직 들을 서로 인정하면서도 연합하고 있다.

이제 몽골 교회는 연합을 단순히 하나의 교단이나 교파를 만드는 이상적인 차원에서 생각하면서 교단과 교파를 부정적인 측면에서만 볼 것이 아니라 신학적 차이와 다양성을 서로 인정하는 가운데 몽골 교회와 기독교인들이 연합하고 협력하는 방안을 찾아야 할 것이다. 이를 위해서는 선교사들이나 외부인들이 주도하는 것이 아니라 몽골 교회 지도자들이 앞장서야 한다. 현재 몽골에는 몽골 복음주의연맹(MEA), 몽골 교회협의회(MCC) 등 연합기관이 있다. 몽골 교회의 연합을 위하여 새로운 기관을 세우는 것이 아니라 기존 연합기관들에 적극 참여하고, 몽골 교회의 힘을 하나로 모아 몽골 복음화와 세계선교를 위하여 나아가야 한다.

몽골 교회협의회(MCC) 대표인 바트볼트 목사는 현재 몽골 교회가 선교사들과 몽골 지도자들 사이의 연합이 많이 약해지고 있다고 주장하면서 다시 한 번 연합해야 한다는 점을 다음과 같이 강조한다.

현재 몽골 교회는 선교사가 섬기고 있거나 섬기다가 몽골 지도자에게 지도력을 이양한 교회의 목회자와, 선교사가 전혀 관여하지 않았고 스스로 교회를 개척하여 사역하고 있는 목회자 간에 연합이 잘 이루어지지 않는 편이다. 앞으로 몽골 교회의 미래를 위하여 선교사와 몽골 지도자들, 그리고 몽골 지도자들 간에도 잘 연합하는 것이 중요하다.[14]

동·서양 선교사들과 몽골 교회 지도자들이 함께 머리를 맞대고 대화를 나누고, 차이를 서로 인정하며 존중하는 가운데 "몽골 교회의 연합과 협력, 국가와 사회에 맞서서 일치된 목소리를 내고 민족과 세계의 복음화"라는 공통의 목표를 위하여 구체적인 전략을 협의하고 실행하여야 한다.

8) 해외 선교의 확장

몽골 교회는 땅 끝까지 복음을 전하는 교회로 중단없이 전진하여야 한다. 앞서 살펴본 것처럼 몽골 교회는 선교 10년이 지나는 시점부터 해외 선교에 관심을 기울여 일차적으로 인접한 러시아 시베리아의 알타이 공화국, 투바 공화국, 부랴트 공화국, 이르쿠츠크 등의 지역과 중국의 내몽골 자치구, 신장위구르 자치구 등의 지역에 열심히 선교하고 있다. 그리고 몽골 선교센터, 몽골 선교협력, 예수전도단, 인터콥, 몽골 국제대학교 등의 선교 단체들과 몽골 교회 선교사들이 해외 선교에 많은 관심을 기울이고 있는 것은 아주 고무적인 일이다.

현재 몽골 교회는 전환기에 있다 해도 과언이 아니다. 외부 선교사에서 몽골 교회 지도자로, 외부의 도움에서 스스로의 힘으로 세워지는 변화의 시기를 거치고 있다. 어느 시대나 전환기는 혼란과 불안이 있고, 이 시기를 잘 넘기며 지속적으로 성장·발전하는 그룹이 있는 반면, 넘어지고 사라지는 그룹들도 있는 것이다.

몽골 교회가 어렵다고 선교하는 일을 중단하거나 포기해서는 안 된다. 부활하신 예수 그리스도가 모든 시대의 교회와 그리스도인에게 주신 모든 민족을 향한 복음의 '대위임령'[15]을 최우선적으로 따르는 것이 교회와 그리스도인의 사명이다.

몽골 교회가 주님의 대위임령을 순종하여, 성령의 능력을 전적으로 의지하고 민족과 전 세계 모든 민족에게 복음을 전하는 일에 열심을 다한다면 현재 몽골 교회의 전환기의 위기가 위험이 아니라 기회가 되리라 믿는다.

9) 국제적인 협력과 연합

몽골 교회는 전 세계 교회들과 지도자들과 협력 관계를 발전시킴으로 전 세계 교회의 일원으로서 역할과 책임을 감당해야 한다. 몽골 교회의 지도자들은 국제적인 협력과 연합에도 많은 관심을 기울이고 있다.

몽골 복음주의연맹(MEA) 대표인 뭉흐다와 목사는 몽골 교회의 대외 관계를 첫 번째, 두 번째 물결로 설명한다.

1990년대 초반 몽골은 미국과 유럽, 한국 등 선진국에서 온 선교사들로부터 복음을 받아들였다. 이들은 복음의 불모지였던 몽골 땅에 전도, 교회 개척, 제자 훈련, 교회 건축, 지도자 훈련, 신학교 설립 등을 통하여 몽골선교의 첫 번째 큰 물결을 일으켰다. 현재 몽골에는 두 번째 물결이 일고 있다. 러시아, 벨라루스, 우크라이나 등 구 공산권 국가 교회들과 협력이 크게 확대되고 있다. 이들은 몽골과 비슷한 사회주의를 경험한 나라들이지만 오랜 기독교의 역사가 있는 나라들로, 몽골과 경제적으로도 비슷한 수준이다. 이들 구 공산권에 있는 교회들이 몽골 교회를 돕고 협력하겠다고 적극적으로 나서고 있다. 두 번째 물결을 통하여 몽골 교회에 제자화 및 교회와 성도들의 질적 성장이 일어났으면 한다.[16]

그리고 몽골 복음주의연맹은 중앙아시아 국가들과도 최근 긴밀한 만남과 교제를 통하여 상호 관심사를 나누고 공유하며, 연합하는 방향을 찾고 있다. 궁극적으로는 몽골과 중앙아시아 국가들이 연합하여 '중앙아시아 복음주의연맹 연합회'를 구성하고자 힘쓰고 있다.

이제 몽골 교회는 지역과 전 세계 교회의 일원으로서 함께 협력하고 활동해야 하는 단계에 이르렀다고 할 수 있다. 몽골에 복음을 전해 준 서구 교회와 한국 교회뿐만 아니라 구 공산권과 중앙아시아, 그리고 전 세계 교회들과 협력 관계를 통하여 몽골 교회가 더욱 성숙하고 세계 복음화에 기여해야 할 책임이 있다.

2. 몽골선교의 미래 전망과 제안

몽골 교회의 미래를 전망하는 것은 결코 쉬운 일이 아닐 것이다.

특별히 21세기는 불확실성이 점점 커지고, 세상의 변화 속도가 아주 빠르며, 예측 불가능한 것이 특징이라고 할 수 있다.

최윤식·김건주는 다가올 미래의 변화를 "땅이 움직이고 있다", "격변"이라는 말로 다음과 같이 설명한다.

> 지금 우리가 겪고 있는 이 엄청난 변화를 담아낼 말이 있다. 바로 "땅이 움직이고 있다"는 것이다. 지금껏 항상 변함없이 그 자리를 지키고 있을 줄 알았던 '그 땅'이 움직이고 있다. 그야말로 '격변'의 수준이다. 여기서 격변은 엄청난 속도의 변화만을 의미하지 않는다. 방향 또한 급격하게 바뀌고 있다. 규모와 속도, 방향을 제대로 인식하기조차 힘든 격변과 그에 따른 새로운 기회가 지금 우리가 맞고 있는 오늘과 미래의 모습이다.[17]

이러한 격변은 전 지구적인 현상이기에 몽골이 결코 예외가 될 수는 없다. 격변의 시대에 몽골 교회, 몽골선교의 미래는 어떨까? 몇몇 전문가들의 의견을 살펴볼 필요가 있을 것이다.

몽골 국립대학교 종교학과 교수인 삼당 체뎅담바는 몽골 기독교의 미래를 긍정적으로 본다. 그는 몽골 기독교가 앞으로도 계속 발전하리라는 것을 다음과 같이 다섯 가지 요인을 들어 긍정적으로 전망한다.

첫째, 현대 몽골은 세계화의 영향을 받고 있는 국제적 관계 속에 있는 나라이다. 이는 몽골에 기독교가 들어온 역사적 배경이기도 하다. 외국으로부터 더욱 많은 기독교 선교단체들이 들어올 가능성이 매우 높다. 이는 한편으로 몽골 기독교인들이 외국 기독교인들과 외교적 관계를 맺거나 지원받을 수 있는 가능성을 더욱 높인다. 외국으로부터 종교적·정치적·문화적·경제적·사회적 차원의 더 많은 지원이 올 수 있는 통로가 열리는 것이다. 그러므로 몽골에서 기독교의 영향력은 더욱 커지리라 생각한다.

둘째, 몽골 정부가 표방하는 종교정책의 기본은 인권을 보장하는 것에서 출발한다. 종교의 자유를 전면적으로 허용하는 법률 덕분에 외국의 기독교가 몽골에 새롭게 들어와 널리 전파될 수 있었다. 종교의 장에 대한 법률적 보호는 앞으로도 계속될 것이며, 이는 몽골 기독교의 미래에 도움이 될 것이다. 즉 몽골에 들어와 활동하는 교회와 기독교 단체들이 더욱 쉽게 몽골 정부에 공식허가를 받을 수 있을 것이다.

셋째, 정치와 종교는 공식적으로든 비공식적으로든 또는 직접적으로든 간접적으로든 밀접하게 연관되어 있다. 몽골의 국회의원선거에서 기독교인들이 대개 새로운 정당인 민주당을 지지하는 것으로 나타났다. 몽골에서 기독교 활동을 적극적으로 옹호하는 기독교인이 국회의원에 당선되었고, 기독교에 우호적인 입장인 국회의원도 몇 명이 있는 것으로 보인다. 이제는 예전과 달리 기독교인이 공무원(고위직이든 아니든)을 맡는 것이 더 이상 놀랍지 않은 일이 되었다. 이렇게 기독교인이 정치인이나 정부 관료가 되는 경우가 많아지는 것은 몽골 기독교의 미래에 큰 도움이 될 것으로 보인다.

넷째, 특정 종교는 특정 문화의 산물이다. 따라서 어떤 종교를 전파하는 행위는 그 종교를 담고 있는 사회의 문화를 전파하는 것이다. 이런 측면에서 볼 때 기독교는 서양 문화를 전파하는 운반 수단이라 할 수 있다. 몽골인들은 기독교를 통해 서양 문화를 접하고 받아들이게 되었다. 몽골은 외국과의 관계를 발전시키기 위해 노력하고 있다. 특히 미국과 유럽 나라들과의 적극적인 외교관계를 모색하고 있는 상황은 몽골 기독교에 좋은 기회가 될 것으로 보인다.

다섯째, 기독교 신자들은 현재 몽골의 종교 인구에서 적은 비율로 존재하지만, 그들의 수는 지난 20년 동안 계속 증가했다. 2010년 몽골 인구 통계 조사에 의하면 청년층에서 기독교를 선호하는 이들의 비율이 불교를 선호하는 이들보다 더 높은 것으로 조사되었다. 이는 몽골 기독교가 불교에 비해 더 발전 가능성이 있음을 보여 주는 것으로 해석할 수 있다.[18]

몽골 교회협의회(MCC)의 대표인 바트볼트 목사는 현재가 몽골선교의 기회이며 앞으로 몽골 경제가 급속히 발전하게 되면 자존심이 강한 몽골 사람들이 복음을 전하기가 점점 어려워질 것이라며 다음과 같이 전망한다.

몽골 사람들은 기본적으로 자존심이 매우 강하고 교만한 편이다. 2020년경에는 높은 교육 수준과 윤택한 경제생활로 인하여 그 자존심과 교만은 더욱 강해지게 될 것이며, 사람들의 마음은 아주 완고해질 것이다. 전에는 "언제나 그런 때가 오려나?" 하였지만, 이제는 그런 때가 곧 눈앞에 닥쳐왔음을 느끼고 있다. 그때가 되면 몽골 사람들에게 복음을 전하고 전도하기란 상상 외로 아주 힘들어질 것이다. 지금은 하나님이 우리 몽골 민족을 위하여 복음의 문을 활짝 열어 놓으신 선교의 카이로스이다.[19]

계속해서 바트볼트 목사는 몽골 교회의 미래를 전망하면서 몽골 성도들을 성숙한 그리스도의 제자로 만드는 일에 집중해야 한다는 것과 젊은 남자 지도자들을 배출하고 훈련해야 한다는 것을 강조한다.

첫째, 몽골 교회에 예수 그리스도의 제자를 만드는 시스템을 갖추어야 한다. 단순히 주일에 교회에 나오는 사람이 아니라 제자를 만들어야 하는 것이다. 현재 몽골 교회는 주일 예배를 중심으로 활동을 벌이고 있으며, 주중에는 거의 모임이 없는 것이 현실이다. 이를 위하여 몽골 교회협의회는 "예수 그리스도의 제자 몽골" 운동을 벌이고 있다. 몽골 전국을 순회하면서 목회자들과 지도자들에게 제자삼는 것의 중요성을 강조하고 모든 성도가 일 년에 한 명의 불신자들을 전도하여 그리스도의 제자를 삼는 일에 헌신하도록 격려하고 있다. 이를 위하여 제자훈련에 필요한 교재를 준비하고 있다.
둘째, 젊은 지도자들을 배출하고 훈련시켜야 한다. 몽골 교회에 소명을 받은 젊은 지도자들이 많이 나와야 몽골 교회가 미래에 부흥

할 수 있다. 현재 몽골 교회의 목회자와 지도자 가운데 60퍼센트 정도는 50대와 60대 중년 독신 여성 지도자들이다. 이들은 재정이 적게 들어가고 사역을 안정적으로 유지하기는 하지만 폭넓은 인간관계를 유지하거나 젊은이들이 교회에 나오게 하는 것에는 부족하다. 30대와 40대의 젊고 유능하며, 가족이 함께 교회를 섬기는 지도자들이 필요하다. 그리고 이들에게 신학 교육과 재정적·목회적 지원 및 돌봄도 필요하다.[20]

현재 몽골 복음주의연맹(MEA) 대표로 섬기고 있는 뭉흐다와 목사는 몽골 교회의 미래는 몽골 목회자들의 성숙과 돌봄과 직접 연관되어 있다는 것을 다음과 같이 말한다.

몽골 교회가 미래에도 지속적으로 건강하게 성장하기 위해서는 몽골 지도자들을 잘 훈련하고 돌보아야 한다. 현재 몽골의 지방 교회들은 거의 성장하지 않고 있다. 그 이유는 지도자에게서 기인하며, 다음과 같은 네 가지 문제가 있다. 첫째는 영적인 훈련들이 부족하며, 둘째는 지도와 감독, 자문을 해주는 멘토가 없으며, 셋째는 사역자들 간에 교제가 거의 이루어지지 않고 있으며, 넷째는 경제적인 어려움을 겪고 있다. 지도자가 안정되어야 교회가 안정되고, 교회가 안정되고 건강해야 전도와 선교를 할 수 있다.[21]

계속해서 그는 몽골 교회가 밝은 미래를 위해 반드시 극복해야 할 어려움을 네 가지로 설명한다.

첫째는 이단들의 성장이다. 이단들이 몽골 정부에도 적지 않은 영향력을 미치고 있다.
둘째, 인권 문제다. 몽골에서도 소수자의 인권의 중요시되고 있다. 그리고 이단들을 이단이라고 공개적으로 말하거나 선언하면 몽골 정부에 의해 법적인 처벌을 받을 수도 있다.

셋째, 동성애 문제이다. 몽골의 동성애 관련 단체들이 외국으로부터 재정 지원을 받아서 활발하게 활동을 벌이고 있다. 몽골 목회자들 사이에서도 동성애에 대한 찬반양론이 치열하게 벌어지고 있다. 일부 목회자들은 성경이 금하는 것이므로 절대로 불가하다고 주장하는 반면 일부 목회자들은 그들도 하나님이 사랑하는 사람들이기 때문에 잘 지도해야 한다고 말한다.

넷째, 삶의 수준이 나아지니까 교회에 잘 나오지 않는다. 직장이 없고 가난할 때는 교회에 열심히 출석하고 신앙생활을 잘 하지만 직장을 얻게 되고 생활이 나아지면 교회에 나오는 것이 뜸해지다가 안 나오는 경우가 많다.[22]

몽골인 최초로 연합신학교 교장을 역임한 푸릅도르찌 목사는 몽골 교회의 미래를 다음과 같이 전망한다.

1990년에 전혀 없었던 기독교인은 오늘 몽골 인구의 5퍼센트 정도에 이르렀고, 교회는 사회의 아주 중요한 구성원으로 열심히 활동하는 기관이 되었다. 정치인들이 기독교인을 가리켜 "선거권이 있는 연령의 10퍼센트를 포괄하고 있다"고 할 정도로 몽골 사회에서 아주 큰 영향력을 갖게 된 것을 보여 준다. 전파된 시간부터 시작하여 강력하게 성장하고 있는 기독교의 힘은 오늘도 동일하며, 앞으로도 몽골 사회에 많은 분야에서 긍정적으로 영향을 미칠 것으로 예상되며, 그래야만 한다고 책임감을 갖고 말한다.[23]

앞선 네 사람의 몽골 교회의 미래 전망을 종합해 보면, 그들은 대체로 몽골 교회의 미래를 긍정적으로 보고 있다.

몽골 교회의 대외적인 환경으로는 민주화된 몽골 정부가 다종교 사회에서 종교의 자유를 확대하고, 국제관계 측면에서도 기독교에 우호적일 수밖에 없을 것으로 전망한다. 반대로 몽골 경제가 급속히 발전할수록 몽골인들이 종교를 갈망하기보다는 세속화되어 기독교로부터 점점 멀어질 가능성이 있다고도 한다. 그리고 몽골 교회의 내적인 환경으로는 교회가 지속적으로 성장하며, 교회와 기독교인들의 사회적 영향력이 커질 것으로 전망한다.

몽골 교회가 건강하게 지속적으로 성장하고 몽골과 전 세계에 영향력 있는 구성원이 되기 위하여 내부자인 몽골 교회와 외부자인 선교사들이 어떤 역할과 책임을 감당해야 할지 구체적으로 제안하고자 한다.

1) 내부자 몽골 교회에 주는 제안

몽골 교회의 미래를 전망할 때 긍정적인 측면과 부정적인 측면이 상존한다는 사실을 부정할 사람은 없다. 이제 몽골 교회가 미래에도 건강하게 성장하고 몽골에 영향력을 미치기 위해서는 외국 선교사나 기관 등 외부자가 아닌 내부자 몽골 교회와 그리스도인의 역할과 책임이 더 막중해지고 있다고 본다.

몽골 교회가 지속적으로 건강하고 균형 있게 성장·발전하고, 지역 사회와 국가와 세계 선교에 선한 영향력을 미치기 위하여 어떻게 해야 할지에 대해 다음 열 가지를 제안한다.

① 몽골 교회가 외부의 도움에서 벗어나 건강하게 자립, 자치, 자전하는 교회로 세워져야 한다.
② 몽골 교회의 목회자와 지도자들이 영성과 인격, 실력을 겸비한 성숙한 사람으로 날마다 성장해야 한다.
③ 몽골 교회 성도들이 신앙과 삶이 조화를 이루는 성숙한 그리스도인으로 가정과 사회, 학교와 직장에서 빛과 소금의 역할을 감당하도록 훈련해야 한다.
④ 몽골 교회가 사회 전 분야에서 선한 영향력을 미칠 수 있는 각 분야의 인재를 양성하는 일에 관심을 기울여야 한다.
⑤ 몽골 교회가 과거와 같이 단순히 물질적인 것을 나누어주는 차원을 넘어 지역사회가 안고 있는 문제나 국가적인 문제에 관심을 갖고, 대안을 제시하고 실천해야 한다.

⑥ 몽골 교회가 연합하여 정치, 사회, 문화, 경제 등 모든 분야에
　 서 선지자적인 사명을 감당하여 정의롭고 공평한 사회를 만드
　 는 데 기여해야 한다.
⑦ 몽골 교회들이 연합하고 협력하는 일에 더욱 관심을 기울여
　 야 한다.
⑧ 몽골 교회와 타종교와도 긍정적인 협력을 통해 타종교간에 발
　 생할 수 있는 갈등을 미연에 방지해야 한다.
⑨ 몽골 교회는 아직도 복음이 전해지지 않은 지방에 복음을 전
　 하여, 교회를 세우는 일과 소수종족에 복음을 전하는 일에도
　 관심을 기울여야 한다.
⑩ 몽골 교회는 몽골을 넘어 국경을 접하고 있는 중국과 러시아,
　 그리고 전 세계에 흩어져 있는 범몽골족과 열방에 선교하는 교
　 회가 되어야 한다.

2) 외부자 선교사의 역할과 책임

몽골 교회와 그리스도인들이 건강하고 견고하게 세워지기 위하여 외부자인 선교사와 단체들은 어떤 역할과 책임이 있는가?

지금까지 복음의 불모지인 몽골 땅에서 수고한 선교사와 단체들은 변하는 선교환경에 맞는 역할과 책임을 감당해야만 한다. 과거와 동일한 방식이 아니라 몽골 교회와 그리스도인들이 건강하게 일어나서 자립, 자치, 자전, 자신학화(自神學化)하는 건강한 교회로 성장하도록 과감하게 자리를 내어주어야 한다. 때로는 넘어지고 실패한다 할지라도 그것은 몽골 교회와 그리스도인들이 반드시 넘어가야 하는 피할 수 없는 과정임을 인식해야 한다.

외부자인 선교사와 선교 단체들, 그리고 전 세계 몽골 교회에 관심과 사랑을 기울이고 있는 형제자매들이 몽골 교회와 그리스도인들을 위하여 어떤 자세로 선교해야 하는지에 대한 기본적인 자세에 대해 몇 가지 제안을 하고자 한다.

현재 몽골의 정치, 사회, 경제, 문화, 종교 등 모든 상황은 1990년

공산·사회주의가 무너지고 민주화되었던 선교 초창기와 달리 많은 변화가 있었다. 몽골인, 몽골 사회와 국가, 몽골 교회와 지도자들은 바뀌었는데 선교사들과 선교 기관들은 변화하는 상황에 얼마나 민감하게 반응하고 대처하고 있는지 점검해 보아야 한다. 몽골의 변화하는 시대와 환경에 발맞추어 선교 패러다임이 바뀌어야만 한다. 선교 패러다임 전환을 위해 중요한 8가지 제안을 하고자 한다.

① 몽골선교의 단계가 이제는 동역의 단계를 넘어서 현지인들이 중심이 되고, 선교사들은 참여의 단계가 되었음을 인식하고 사역을 해야 한다.

② 선교사들과 선교 단체들은 선교 현지의 필요에 맞춘 필요중심적인 선교를 해야 한다.

③ 현지인 지도자 양성과 돌봄에 각별한 관심을 기울여 그들이 건강하고 성숙한 사역을 할 수 있도록 도와야 한다.

④ 목회자들을 위하여 성경을 바로 이해하고 사역할 수 있도록 실제적인 도움을 주는 성경 주석과 사전, 도서 등을 번역, 출판하는 일에도 힘써야 한다.

⑤ 외국 교회와 선교사들은 몽골 교회 지도자들이 할 수 없거나 하지 못하는 사역들을 현지 교회와 지도자들의 요청에 따라 섬겨야 한다.

⑥ 몽골 교회가 국내 미전도 소수종족과 세계선교를 감당하도록 격려하고 도와주어야 한다.

⑦ 아직 교회가 세워지지 않고 복음이 전해지지 않은 지역에 복음을 전하고 교회를 세우도록 현지 교회와 협력하여 사역해야 한다.

⑧ 지방 목회자들이 성경적이고 건강하게 목회를 할 수 있도록 개인적·가정적·사역적인 측면에서 지속적으로 지원하며 격려하고 돌보아야 한다.

⑨ 현지 지도력 이양, 선교사 출구전략 등 구체적이고 세부적인 전

략을 준비하고 실행하여야 한다.

⑩ 몽골 교회와 그리스도인들을 위하여 지속적으로 성장하고 발
전하도록 끝까지 격려하고 기도하고 협력하는 동역자가 되어
야 한다.

결론

　　지금까지 현재 몽골선교의 상황과 미래를 살펴보기 위하여 몽골의 일반적인 현황, 몽골선교의 상황, 한국 선교사들의 몽골선교, 몽골선교의 당면과제와 미래전망과 제안 순으로 고찰하여 보았다.

　　하나님의 놀라운 은혜와 섭리 가운데 몽골 땅에 공산·사회주의가 무너지고 복음의 문이 열린 지 벌써 27년이 지났다. 단 한 명의 기독교인도 없다고 보고되었던 몽골에 수만 명의 그리스도인이 생겨났고, 매 주일이면 수백 교회에서 예배드리고 있다. 몽골 교회는 외국 선교사와 기독교 단체들의 영향력에서 점점 벗어나 스스로의 힘으로 세워지고 있으며, 이제 민족복음화를 넘어서서 세계복음화에도 기여하는 건강한 교회로 발돋움하고 있다. 물론 아직도 넘어야 할 많은 산들이 있고, 해결해야 할 과제도 적지 않지만, 이제 몽골 교회는 몽골 사회와 전 세계 앞에서 점차 수면 위로 드러나고 있고, 자신들이 원하든 원하지 않든 몽골과 지구촌의 중요한 구성원으로서 자리매김하고 있다.

　　몽골에 복음의 문이 열린 뒤 한국의 많은 선교사들과 교회, 단체들이 몽골에 들어와서 열정적으로 복음을 전하였다. 언어와 민족적 뿌리가 유사하고, 지리적 접근성이 용이하고, 몽골인들이 한국인을 친근하게 받아들이는 등 한국 선교사들이 몽골에서 사역하는 데 다른 어떤 나라의 선교사들보다도 많은 장점이 있었다. 몽골선교에 한국 선교사들이 미친 영향을 부인할 사람은 없다. 특별히 교회 개척 분야에서 한국 선교사들의 탁월한 활동으로 몽골 전체 교회의 절반 이상이 한국 선교사들에 의해 세워졌으며, 교육선교와 의료선교에서는 몽골의 교육과 의료 분야 발전에 서구 선교사들보다 더 큰 기여를 하였다. 그리고 현지인 지도자 훈련 분야, 구호와 개발 사역 분야, 대학생선교 분야, 문서출판 분야, 스포츠선교, 비즈니스선교 등에서도 한국 선교사들은 몽골선교에 큰 기여를 하였다.

현재 몽골선교는 성숙한 몽골인 지도력 개발과 훈련 그리고 그들에 대한 전인적인 돌봄, 건강한 토착교회 형성, 몽골 전통 종교의 부흥, 수많은 이단들의 도전, 기독교의 대사회적 영향력 확대, 선교사들의 출구전략, 몽골 교회의 연합과 협력의 지속, 해외선교의 확장 등 수많은 당면과제가 있다. 이러한 과제들을 어떻게 해결하는가에 따라 몽골 교회의 미래가 달려 있다고 할 수 있다. 이러한 과제들을 해결하기 위하여 몽골 교회와 기독교인과 지도자들, 그리고 선교사와 기독교 단체들이 힘과 지혜를 모아야 한다.

특별히 몽골선교의 중심축이 이제 선교사에서 몽골 현지인 지도자들로 이동하였다고 생각한다. 몽골 교회와 지도자들이 외부의 도움과 지원을 받지 않고 스스로의 힘으로 자립, 자치, 자전하는 건강한 토착교회로 거듭나야 한다. 몽골 교회가 자율적인 힘으로 일어서기 위해 치러야 할 고통과 그들이 지불해야 할 대가는 누구도 대신해 줄 수 없는 것이다. 이러한 힘든 과정을 통해 몽골 교회는 더욱 건강하고 성숙한 가운데 성장할 것이다. 외국 선교사와 선교단체는 이러한 과정을 잘 극복하고 뛰어넘을 수 있도록 몽골 교회를 준비하고 훈련할 뿐 아니라 그들을 격려하고 돌보며, 응원하고 지원해야 한다.

몽골 교회와 그리스도인들, 지도자들이 바르고 건강하게 성장하여 몽골 사회 전 분야에 하나님의 나라를 세우고, 민족 복음화와 세계 복음화에 기여하는 날을 꿈꾸며 소망한다.

마라나타!

주

서론

1. 박기호,《한국 교회 선교운동사》(아시아선교연구소, 1999, 미국 LA), p.62.

2. 나일선(Nelson)의 통계를 박기호가 인용했다. 상게서, p.138.

3. 한국세계선교협의회(KWMA), 〈2016년 12월 한국 선교사 파송 현황〉(한국세계선교협의
   회, 2017), p.4.

4. 상기 자료, p.5.

5. 마민호,《선교지리서치 세미나 자료집》(한국세계선교협의회 훈련분과위원회, 2016), p.20.

Ⅰ. 몽골의 일반적 현황

1. 국가등록통계청,《몽골연감 2015》(2016, 울란바타르), p.12.

2. 국가등록통계청, 상게서, p.12.

3. 주몽 한국대사관, 상게서, p.143.

4. 몽골 한인선교사회,《몽골 한인선교 15주년 기념 자료집》(2006, 울란바타르), p.4.

5. 몽골 도 단위 행정 구역 가운에 '고비'라는 명칭이 들어가는 곳은 남고비, 중고비, 동고비,
   고비 알타이, 고비 숨베르 등 남쪽의 다섯 곳이다.

6. 2013년 평양 김일성대학에서 몽골의 엘벡도르찌 대통령이 몽골의 체제 전환에 대해 특
   강한 내용이다. 〈조선일보〉 2015. 2 2.

7. 강톨가 외(김장구·이평래 역),《몽골의 역사》(동북아역사재단, 2010), p.406.

8. 몽골헌법위원회,《몽골헌법》(2015, 울란바타르), p.4

9. 금희연, 〈몽골의 체제 전환과 민주화 과정에 관한 연구-역대 총선과 대선을 중심으로〉 《통일전략》, 2009), p.196-215.

10. 몽골헌법, 상게서, p.17.

11. 강톨가 외(김장구·이평래 역), 상게서, p.406.

12. 몽골 선거관리위원회 자료, 몽골 자료를 정리하여 작성하였다.

13. 주몽 한국대사관, 상게서, p.90.

14. 국가등록통계청, 상게서, p.209; 몽골 한인선교사회, 《2000년 몽골선교 자료집》(2000, 울란바타르), p.14;《몽골통계연감》2010년 자료 등 참조.

15. 몽골 통계청 웹사이트, http://1212.mn/stat.aspx?LIST_ID=976_L03, 검색일: 2017. 9. 26.

16. 상기 자료.

17. 국가등록통계청,《몽골통계연감 2015》(2016, 울란바타르), p.13.

18. 최근 몇 년간 연평균 강수량이 도르노고비도는 112밀리미터로 가장 적고, 가장 강수량이 많은 오르홍도는 359밀리미터이다. 상기 통계청 자료, p.174.

19. 상기 자료, p.333-334.

20. 강톨가 외(김장구·이평래 역), 상게서, p.53.

21. 상게서, p.112.

22. 르네 그루세(김호동 역),《유라시아 유목제국사》(사계절, 1998), p.655.

23. 르네 그루세(김호동 역), 상게서, p.706.

24. 강톨가 외(김장구·이평래 역), 상게서, p.194.

25. 주물 형태로, 죽은 사람이나 숭상하는 그 어떤 모양의 조각.

26. 장진웨이(남은숙 역),《흉노제국 이야기》(마이월드, 2010), p.69.

27. 발터 하이시히(이평래 역),《몽골의 종교》(소나무, 2003). p.19.

28. 강톨가 외(김장구·이평래 역), 상게서, p.219.

29. 몽골통계청 2010 인구 통계조사 결과보고서, p.34. / www.toollogo2010.mn

30. 강톨가 외(김장구·이평래 역), 상게서, p.318.

31. 표 5를 참조.

32. www.transparency.org, 검색일: 2017. 9. 26.

33. 국가등록통계청, 상게서, pp.286-287.

34. 몽골 월간지 〈ASSA〉 통권 21호(2017, 울란바타르), p.17.

35. 상게서, p.24.

36. 상게서, p.28.

37. 상게서, pp.30-31.

II. 몽골선교 현황

1. 학자와 연구자에 따라 선교 사역의 분류 방식과 정의 내리는 방법이 다양하다. 본 연구에서는 선교 사역을 10가지 주요 영역으로 구분하여 정리하였다.
2. 김호동, 《동방 기독교와 동서 문명》(까치, 2002). p.118.
3. 상게서, p.172.
4. 르네 그루세(김호동 역), 상게서, p.282-283.
5. 김호동, 상게서, p.204.
6. 플라노 카르피니·윌리엄 루브룩(김호동 역주), 《몽골제국기행-마르코 폴로의 선구자들》(까치글방, 2015), p.338.
7. 강톨가 외(김장구·이평래 역), 상게서, p.157.
8. 김호동, 상게서, p.189.
9. 상게서, p.193.
10. 강톨가 외(김장구·이평래 역), 상게서, p.219.
11. 이용규, 〈몽골선교 역사〉(몽골 한인선교사회, 《몽골 한인선교 15주년 기념 자료집》, 2006, 울란바타르), p.38.
12. 볼러르마, 〈중앙아시아 기독교 역사 요약〉(레가시 연구소, 2016, 울란바타르), p.89.
13. 이용규, 상게서, p.39.
14. 마르꾸 제링(이상룡 역), 《티베트 불교권 선교》(도서출판 NCD, 2003), p.279.
15. 몽골 교회의 신자 수는 정확한 통계가 미비하다. 대체로 600여 교회, 6만여 신자로 받아들인다.
16. 몽골 통계청, 《2010 인구 통계 조사 결과 보고서》, p.34 / www.toollogo2010.mn
17. 몽골 복음주의연맹, "20주년 주요 사건들"-몽골 교회 20주년 자료, 〈어러칠럴트〉 신문(2011. 9)을 기초로 보완하였다.
18. 몽골 복음주의연맹, 〈몽골 기독교회와 단체 연구 조사 결과-2015년 몽골 전국적 상황〉(2015, 울란바타르), p.8. 본 조사는 2013년부터 몽골 복음주의연맹이 미국의 'One Challenge'를 비롯한 단체들의 후원을 받아 전국적으로 조사한 것이며, 몽골 전체 기독교회와 단체의 90퍼센트가 연구 조사에 참여하였다.
19. 상게서, p.8.
20. 상게서, p.10.
21. 해설에는 몽골의 지방에 297개 교회가 있다고 표기되었지만, 도별 전체 교회 수를 더하면 300개 교회가 된다. 통계 또는 기록의 오차라고 생각된다.
22. 상게서, p.16-17.
23. '장로교회'는 장로교(합동) 7, 장로교(통합) 3, 장로교(예장) 1, 그리고 단순히 장로교라고 응답한 158개 교회를 합한 수이다.
24. 앞에서 발표한 조사에는 몽골 전체 교회 수가 525개였는데, 2개 교회가 차이 나는 것은 기록상 오류라고 생각된다.

25. 몽골 정부의 종교 단체 등록에 관한 권한은 시·도 의회에 있다. 몽골 목회자들의 경우에는 정부 등록을 받지 않고 교회를 개척해고 사역을 해도 큰 문제가 되지 않는다. 종교의 자유, 집회와 결사의 자유가 몽골 헌법에 보장되어 있기 때문이다. 그러나 정부에 등록된 교회들만이 종교적 목적으로 활동할 수 있는 외국인 선교사들을 위한 종교 비자를 신청할 수 있다. 즉 외국인 선교사들이 활동하기 위해서는 반드시 정부의 등록을 받은 교회여야 한다.

26. 1997년 세워진 몽골 복음주의연맹은 몽골 교회를 대표하는 기관으로, 대정부 관련 활동, 몽골 교회 연합 활동, 국제 기독교 단체들과의 협력 활동 등을 하고 있다. 몽골 각 지역 교회들의 대표자들이 선출한 이사회가 최고 의사결정기구이다.

27. 몽골 복음주의연맹, 상게서, p.19.

28. 몽골 통계청, 《2011 몽골 통계연감》(몽골통계청, 2012, 울란바타르), p.344. 2014년 발행된 《2013 몽골 통계연감》에서는 정부 등록 교회 수가 발표되지 않았다. 초창기에 세워진 소수 교회들 외에 대부분 몽골 교회는 매년 시·도 의회로부터 교회 등록 연장 허가를 받아야 한다.

29. 몽골 정부의 교회 등록과 연장은 불확실성이 많은 편이다. 어떤 해에는 몇십 개의 교회 등록을 신규로 받거나 연장해 주기도 하고, 어떤 해에는 전혀 해주지 않는 경우도 있다. 또한 등록과 연장을 위한 시·도 의회의 회의가 1년에 몇 차례만 열리고, 어떤 때는 몇 개월 동안 전혀 열리지 않기도 하여 교회 등록과 연장에 해마다 많은 어려움을 겪고 있는 실정이다.

30. 몽골 복음주의연맹, 상게서, p.19.

31. 현재 몽골 교회협의회(MCC) 대표로 활동하는 바트볼트 울란바타르 생명의말씀교회 담임목사는 "몽골 기독교인 수는 9만 명 정도 된다. 그중 3분의 1 정도인 3만 명이 조금 넘는 수가 매주 정기적으로 교회에 출석하고 있다"고 2018년 2월 17일 이대학 선교사와의 인터뷰에서 밝혔다.

32. 몽골통계청, www.1212.mn, 검색일: 2017. 11. 21.

33. 본 자료는 2017년 8월 8일 몽골 복음주의연맹 사무총장 아리옹 볼트 목사가 '몽골 서부지역 연합선교대회'에서 보고한 통계이다.

34. 본 조사는 2000, 2004, 2006년 재몽 한인선교사회가 발행한 몽골선교 자료집, 2011년 몽골 정부가 발표한 인구센서스 결과의 종교 부분, 2014년 12월 몽골 통계청 발행 월간 통계자료, 2015년 몽골 복음주의연맹이 발표한 자료에 근거한 것이다.

35. 이대학, 〈몽골선교 20주년 성과와 미래의 도전〉(대한예수교장로회 몽골현지선교회 편, 《몽골선교 20주년 기념 백서-초원길을 복음의 길로》, 장로교출판사, 2012), p.322. 당시 15세 이상 몽골 인구 1,905,696명 중 자신이 기독교인이라고 밝힌 사람은 41,117명으로 전체의 2.1퍼센트에 이른다. 이를 전체 인구에 대비하여 추정한 수가 2010년 몽골 통계청의 인구 통계 조사 결과 57,848명이다. 2017년도 수치는 몽골 복음주의연맹의 연구 조사에 의거한 것이다.

36. 현재 몽골 교회협의회(MCC) 대표로 활동하고 있는 바트볼트 울란바타르 생명의말씀교

회 담임목사는 "몽골의 기독교인 수가 크게 줄어들었다기보다는 과거보다 정기적인 교회 출석율이나 신앙적 열성이 줄어들었다고 본다. 경제적인 안정과 소득 증가 등으로 과거와 같이 매주 정기적으로 교회에 출석하지는 않지만 자신이 기독교인이라고 보는 사람의 수는 9만 명 정도가 되는 것으로 본다"고 2018년 2월 17일 이대학 선교사와의 인터뷰에서 밝혔다.

37. 베이갈마, 〈수도 종교활동기관 수〉, 《시 표준 2012년 12월 안내서》(2012. 울란바타르), p.35.

38. 상기 자료, p.36.

39. 상기 자료.

40. 몽골 복음주의연맹, 상게서, p.14.

41. 상게서, p.15.

42. 상게서, p.18-19.

43. 기독교 초기 상황인 몽골에서는 신학 공부를 하지 않았고 목사 안수를 받지 않았지만 목회를 하는 사람들을 일반적으로 '장로', '사역자' 등으로 부른다.

44. 몽골 통계청, 《2013 몽골 통계연감》(2012, 울란바타르), p.156.

45. 몽골 연합신학교 웹사이트, http://ubtc.edu.mn, 자료 검색일: 2018. 1. 4.

46. 김봉춘, 〈몽골의 신학교육 상황과 전망〉(대한예수교장로회 몽골 현지선교회, 《몽골 선교 20주년 기념 백서-초원길을 복음의 길로》, 장로교출판사, 2012, pp.283-287)을 참조하여 표를 만들었다.

47. 상게서, p. 287-289 참조.

48. 몽골 신학연장교육학교 웹사이트 http://teemongolia.mn/mn/ 참조, 자료 검색일: 2018. 1. 4.

49. 의료선교학회, 〈12장 의료선교와 학원사역〉(의료선교학회, 연세대학교출판부), p.227.

50. 한국을 제외하면 세계적으로 50년 이상 지속되는 선교병원이 드물다. 남아시아, 동남아시아 곳곳에 선교사가 떠난 뒤 정체성이 바뀐 것으로 평가되는 선교병원이 10여 곳에 이른다.

51. 1993년 선교단체 연합으로 몽골에 설립된 국제 NGO는 2017년 현재 Interserve, YWAM, OMF 등 15개 단체가 가입되어 있다.

52. 몽골의 의과대학은 1942년에 시작된 국립 의과학대학이 있고, 몽골 전통의과대학을 포함하여 모두 10여 개의 의과대학이 있다. 국립 의과대학 부속병원은 대학교 건물에서 10년 전 시작하였다. 2018년 9월 개원 예정으로 150병상의 새로운 의과대학 부속병원을 건축하고 있다.

53. 몽골에는 국립불교학교로 초교, 112번 중·고교가 있고, 졸업하면 본인 선택으로 몽골 불교대학교에 입학하거나 티베트 유학이 가능하다. 몽골 불교대학교는 1970년 3월 9일 개교했으며, 당시 6년 과정으로, 간단사원에 부랴트 족과 몽골학생 30명으로 시작했다. 현재 주야간 10개 반에 256명의 학생, 14명의 교수가 있고, 전통의약 등을 교육한다.

54. 교육선교는 교육을 통한 선교이고, 선교적인 교육을 지향하는 범위에 놓인다.

55. 정영동, 〈보르항이 주신 땅〉(대한예수교장로회 몽골 현지선교회, 《선교 현장이야기 몽
골》, 장로교출판사, 2012), p.66.

56. 몽골 교육부는 2012-2016년에 단계적으로 실시할 '바른 몽골인' 교육시책을 내놓았다.

57. 윤순재, 〈교육을 통한 선교의 성과와 도전〉(대한예수교장로회 몽골 현지선교회, 《몽골
선교 20주년 기념 백서-초원길을 복음의 길로》, 장로교출판사, 2012), p.263.

58. 웨 샥다르·베 바트새홍, 《몽골의 교육역사1》(2009, 울란바타르), p.19.

59. B.C. 209년 흉노족이 몽골 역사의 시원으로 자리매김한 이후, 몽골 땅에는 3-11세기까
지 투르크, 위구르, 카자크, 키르키즈 등 각 민족이 200년 전후를 넘지 못하는 외세 전
환 시기가 가득했다.

60. 칭기즈칸 탄생 배경부터 대몽골을 이루는 과정의 활약상을 연대순으로 기록한 중세 몽
골 역사서. 몽골어본이 소실되었으나, 몽골의 옛 문어를 중국어로 전사한 '원나라의 비
밀역사'를 현대 몽골어로 번역하였다. 형식이나 문체가 구약성경의 서술 기법과 유사하
다는 점에서 저자가 성경을 아는 사람일 것으로 논의되고 있다.

61. 웨 샥다르·베 바트새홍, 상게서, p.20.

62. 웨 샥다르·베 바트새홍, 상게서, p.109.

63. 현재 중국에 속한 내몽골을 제외한 외몽골만 해당한다.

64. 웨 샥다르·베 바트새홍, 상게서, pp.178-179.

65. 1-2세 아기부터 3-4세 유아, 6-7세, 소년, 청소년기에 이르기까지 남자와 여자를 구별
하여 집 안팎으로 일을 적절하게 맡김으로써 아이의 성장 발달에 깊은 영향을 준다.

66. 테 남질(이안나 역), 《몽골의 가정예절과 전통》(민속원, 2007. 8), p.252.

67. 르네 그루세(김호동·유원수·정재훈 역), 《유라시아 유목 제국사》(사계절, 2009. 7),
p.284. 그 외 관련 문헌에서는 예수가 나타났다는 설도 있다.

68. 뻬 바트쫄롱("몽골비사와 성경", 2010, 울란바타르)은 이 저서에서 '몽골비사'의 집필시
기와 징기스칸의 야쯔고링 투흐(선조 역사)에 사용한 문구를 12가지로 예를 들어 그
유사성을 밝히고 있다.

69. V. A. 랴자노프스키(서병국 역), 《몽골의 관습과 법》(혜안, 1994), p.120.

70. 크리스토퍼 바우머(안경덕 역), 일조각, 2016.8, p.359.

71. 이 문양은 10세기 전후부터 당시 네스토리안인들이 몽골인들이 기존 불교 문양에 친숙
함을 접촉점으로 삼아, 십자('✝')를 넣어 활용하였다. 이는 B.C. 6세기경 그리스의 질화
병에서 흔히 보이는데, A.D. 4세기경의 성소피아 성당(지금의 터키 이스탄불 소재) 본
전 입구 문짝에 새겨져 있으며, 13세기에 널리 사용하였다. 현대에도 많이 활용되어 불
교와 국수주의 단체인 '다이아라몽골-히틀러의 네 힘 포함'의 상징으로, 탄생 850주년
기념 동상의 칭기스칸 복장과 전시한 대형 신발에도 새겨져 있다. 이는 혼합종교적인 전
형을 보여 준다.

72. 데 남질, 상게서, p.267.

73. 엔 바트만다흐(NGO)·데 에르덴치멕(국제기자, 교사) 부부가 부모로부터 들어 온 조언
들이 구약 잠언 구절과 일치한 점에 착안하여, 이를 17항목으로 분류하고 《성품의 기

본》(2015, 울란바타르)이라는 책으로 엮었다. 이 책자를 베 두게르마(목회자, ph.D)와 아 헝거르졸 등에게 자문했을 때, 이를 특정 종교 활동으로 규정할 수 있다고 하여 성경 구절을 제거하고 교육과정의 지침서로 사용하게 되었다.

74. 산모는 임신 5개월에서 출산 후 5개월까지 출산보조비를 받으며, 출생 직후부터 만 16세에 이르기까지 월 2만 투그릭(우리 돈으로 약 1만원)을, 대학생이 되면 학년말 학점 3.0 이상인 학생은 매월 7만 투그릭을, 4.0 이상인 학생은 10만 투그릭을 받는데, 그 이하 성적을 받으면 지원 대상에서 제외된다. 정부 성격에 따라 지급 여부와 시기가 바뀌기도 한다.

75. 교육과학부, 2007년 405호 명령서.

76. 몽골의 3부제는, 한 학급 평균 40명으로 계산하면 8,960여 명의 어린이들이 이른 아침, 정오, 오후 반으로 6시 이후까지 수업하는 셈이다. 2018년도에는 정부에서 이를 완화하기 위하여 울란바타르 시 28개 학교를 2부제로 개선하고, 지방 학교들의 기숙사에 안전한 환경을 갖추며, 80퍼센트 이상 공사를 한 유치원을 완공하는 데 필요한 자금을 100퍼센트 해결하도록 총 2,369억 투그릭(약 1,102억원)을, 학생개발 대출에 750억 투그릭을 반영하였다.(《오노도루(오늘)》 신문, 2017. 10. 30.)

77. 공교육기관으로서 외국계 학교를 제외한 고급 사립 초·중·고등학교는 2017년도 현재 등록금이 연평균 450만 투그릭(약 2,000달러) 내외인데, 1인당 연 26-36만 투그릭(150달러 내외)을 지원받는다. 이는 평균 한 학급 교사의 월급이거나 학생 급식료와 비등하다. 500만 투그릭 이상의 등록금이 책정되면 지원금이 삭감된다.

78. 교육과학부, 〈교양 있는 몽골인〉, 2012. 9.

79. 1990년대 개방 이후, 열악한 처우와 환경 속에서 교사들의 임금인상 요구는 끊임없는데, 2017-2018학년도 새 학기에 교사들의 임금인상안-담당 학생 수가 늘어남에 따라 노동량이 증가하므로 현 임금의 최소 2배를 요구-이 관철되지 않아 총파업을 벌였으나, 교육과학부 신임장관의 '노력과 책임'을 물어 중단시킨 바 있다.

80. 이 프로그램은 '모든 어린이가 창의적이고 자신감과 결단력이 있고 협조적이며, 평생 학습할 수 있고 민족 문화와 전통을 가진 시민이 될 수 있도록 가족·교육·사회적 환경을 조성'하는 데 목적을 두고 교육의 질을 개선하고 재능과 독서능력을 함양한다는 세 범주를 중심으로 공교육 활동을 활성하고자 하였다.

81. 교육과학부, 몽골 총리 H. 알탕호익의 〈교육 질 개혁 정책 2012-2016〉(2013. 8. 16.)을 위한 몽골국가정부법 7.2, 30.1 명령서이다.

82. 교육과학부, '올바른 몽골아이' 민족프로그램, 〈몽골 국가정부 2013년 295번 결의안〉 부록.

83. 신엠드랄(새생명): 교사 출신 간사들이 교장과 교감, 학생 담당 교사 등 학교 리더 40여 회원을 두고 교육 세미나와 정기 기도회 및 성경공부(1:1) 모임을 통해 전국 규모로 교사 전도와 양육에 힘쓰고 있다.

84. 교사진흥센터와 NGO 교육기관에서 교육자들의 가치관이나 교육 태도를 개선하기 위하여 다양한 주제 세미나를 매월 정기적으로 교육하고 있다.

85. 국립특수학교(중뇌성마비와 복합장애, 골격장애, 다운증후군 등)로서 중증뇌성마비 아동 대상인 10번 유치원이 있으며, 정신지체아 대상 학교는 25번(복합 포함), 55번, 63번, 70번이고, 농아와 맹아는 29번, 시각은 116번이다. 추가로 2018년, 도르노드도 헤를렝 지역에 11번 유치원과 학교를 신설할 예정이다.

86. 교육과학부, 상게서, p.52.

87. 헬렌치맥, 〈몽골의 초중고 통합형 학교의 운영 실태 분석〉(강원대 대학원 석사논문, 2016. 8.), p.43, "1-2학년은 1,680시간인데, 몽골은 연간 수업시수가 732시간으로 한국 대비 43.2퍼센트, 3-4학년은 1,972시간인데 몽골은 776시간으로 39.4퍼센트, 5-6학년 은 2,176시간인데 891시간으로 41,0퍼센트에 불과하다."

88. 2018년도 몽골 전역에 유치원과 초·중·고교가 83개 설립되어 3부제를 폐지한다(주 78 참조).

89. 교육과학부, 고등교육의 대학/ 2016-2017학년도 기준 정보 안내.

90. 몽골 월드비전, http://worldvisionmongolia.cross.mn, 자료 검색일: 2017. 12. 19.

91. 몽골 월드비전의 '기독교회와 협력팀'의 매니저와 인터뷰하였다.(2017. 10. 11.)

92. https://updown.mn/33863.html. 자료 검색일: 2017. 12. 19.

93. 몽골 JCS, http://www.jcsintl.org/ 자료 검색일: 2018. 1. 5.

94. JCS 소속 선교사로 활동하고 있는 최원규 선교사에게서 자료를 받았다. 자료 수집일: 2018. 1. 5.

95. 몽골 노르웨이 루터란 미션, http://www.nlm.mn, 자료 검색일: 2018. 1. 4.

96. 몽골 CCC, http://www.mongoliaccc.org/aboutus/history/, 자료 검색일: 2017. 12. 19.

97. 가담체렝. 바야르자르갈, 〈몽골인들의 기독교신앙과 성경의 몽골어 번역의 역사적 개 요〉, 신학잡지(몽골연합신학교, 2016, 울란바타르), p.86-90.

98. 몽골 성경번역위원회, http://www.mubs.mn/ab2013/, 자료 검색일: 2018. 1. 5.

99. 이대학, 〈몽골선교 20년의 성과와 미래의 도전〉(대한예수교장로회 몽골 현지선교회, 《몽골선교 20주년 기념 백서-초원길을 복음의 길로》, 장로교출판사, 2012), p.321에 서 재인용.

100. 몽골 JCS, http://www.jcsintl.org/, 자료 검색일: 2018. 1. 5.

101. 박기호, 상게서, p.86.

102. 이대학·전용덕, 〈몽골선교에서 선교몽골로 향하기 위한 비전〉(대한예수교장로회 몽 골 현지선교회, 《몽골선교 20주년 기념 백서-초원길을 복음의 길로》, 장로교출판사, 2012), p.373-375.

103. 마르꾸 제링(이상룡 역), 상게서, p.279.

104. 다와수룽, 〈1990년 이후 몽골의 변화〉(대한예수교장로회 몽골 현지선교회, 《몽골선교 20주년 기념 백서-초원길을 복음의 길로》, 장로교출판사, 2012), p.403.

105. 몽골복음주의연맹,〈몽골 교회 과거 20년〉,《몽골 교회 20주년 기념 자료집》(《어러칠럴 트〉 신문, 2011. 9, 12)

106. 마르꾸 제링(이상룡 역), 상게서, p.279.

107. 이대학, "몽골선교 20주년 성과와 미래의 도전"(pck몽골 현지선교회, 〈몽골선교 20주년 기념 백서-초원길을 복음의 길로〉, 2012, 장로교출판사), p.373-375.

Ⅲ. 한국 선교사들의 몽골선교

1. 한국 선교사들의 몽골선교에 대해, 보안 등 여러 사유로 실명을 사용하지 않는다. 양해를 바란다.

2. 울란바타르에 '사랑의 쌀' 비영리단체(NGO)가 설립되어 매년 설날 전후로 쌀과 밀가루를 지원하고 있다.

3. 이대학, 최병효, 〈몽골 한인선교 역사〉, 2012년 4월 〈필리핀 한인 선교대회〉 발제 글과 2002년, 몽골 한인선교사회가 발간한 《몽골 한인선교 15주년 기념 자료집》(2006, 울란바타르)을 토대로 필자가 만든 표이다.

4. 자르갈 알타이 바타르, 〈몽골에서 살고 있는 외국인들의 종교 현황〉(대구가톨릭대학교 다문화연구소, 《다문화와 인간 5(1)》, 2016), p.53에서 재인용.

5. 상게서, p.55.

6. 〈몽골 한인선교 15주년 기념 자료집〉(몽골 한인선교사회, 2006, 울란바타르), p.62-83에 실린 교회 통계를 분석하였다.

7. 이대학, "몽골선교에 대한 평가"(몽골 한인선교사회, 〈몽골 한인선교 15주년 기념 자료집〉, 2006, 울란바타르), p.46.

8. 2017년 현재 몽골국립의과대학교와 이 부속병원에 C, L, J, N, C 선교사가 명예교수와 방문교수로, P, H 선교사가 전임교수로 사역하고 있다.

9. 2012년 연세친선병원 아가페클리닉이 문을 닫은 아가페복지원 건물에 고 박돈상 선교사의 뜻을 이어 한국 할렐루야교회 등의 후원을 받아 종교법인 'heavenly Dream' 산하 아가페병원을 P 선교사의 주도로 2006년 8월 개원하여, 2017년 현재 호스피스와 신장투석을 전문으로 진료하고 있다.

10. 연세의료원, 전주예수병원, 광주기독병원 등.

11. 1993년 선교단체연합으로 몽골에 설립된 국제 NGO로, 2017년 현재 Interserve, YWAM, OMF 등 15개 단체가 가입되어 있다.

12. 감리교회와 연세의료원이 파송하여 1994년 7월부터 1998년까지 초대 연세친선병원 원장으로, 이후에는 연세 사회복지재단의 지부를 설치하여 지부장으로 울란바타르와 바가노르에서 2001년 귀국할 때까지 섬겼다. 당시 재몽 한인회, 한인선교사회, 울란바타르 연합한인교회의 중심적인 역할을 하였다.('몽골에서 오는 편지', 2009, 임마누엘출판사)

13. 할렐루야교회 파송으로 2001년 10월부터 2006년 9월까지 연세친선병원 3대 원장으로, 이후 2006년 8월에 개원한 아가페무료진료소(아가페클리닉) 소장으로 섬기다가

2009년 11월 간암으로 별세하였다. 울란바타르 한인교회 시무장로로 교회헌법을 기초하였고, 아가페복지원을 건축하고 섬겼다.

14. 1998년 8월부터 2005년 9월까지 몽골 국립의과학대학교 교수 겸 연세-몽골 프로젝트 책임자로 섬기며 BASIC교회를 개척하였고, 2006년 중국 심양의과대학, 2007년 중국의과대학을 거쳐 2016년부터 한국 연세의료원 의료선교센터 소장으로 섬기고 있다.

15. 2001년 3월 연세의료원(당시 강진경 의료원장)은 몽골선교 사역을 포함한 의료원 전체 선교 사역을 총괄하는 기구로 의료원장 직속의 '연세의료선교센터'를 개설하고, 초대 소장으로 이충국 교수(구강안악면외과)를 임명했다. 이후 몽골 연세친선병원의 인적·재정적·행정적 후원과 함께 다수 선교사들을 동원하였다.(연세의료원 몽골의료선교 10년 약사(1993-2002), 연세의료원 의료선교센터, 2002).

16. 2017년 11월 현재, 매주 기도모임을 갖고 각자의 사역과 협력 사역에 대해 함께 기도하고 있다. N, P, A, O, K, J, C, H 등이 개인으로 또는 가정으로 함께 모이고 있다.

17. BASIC은 'Brother and Sisters in Christ'의 약자로, P 선교사가 시작한 학생 동아리이며 기독학생연합체 성격이고, 몽골 CCC는 2002년부터 국립의과대학교 사역을 시작하여 2007년부터는 H 선교사 등과 협력하여 정기적으로 순모임과 의료봉사 등을 하고 있다.

18. 2016년 몽골 기독의사회 회장은 몽골 국립의과대학교 부총장이던 아마르새항 교수였다.

19. S, P 선교사에 이어 2005년부터 C 선교사가 몽골 국립의과학대학교 내에서 연세의료원 몽골 사역 책임자로 섬기고 있다.

20. 2017년 현재, O, L 선교사가 사역하고 있다.

21. 2017년 현재, C, H 선교사가 국가보건통계 시스템과 국립의대부속병원 의무기록 시스템 등을 개발하고 있다.

22. 2004년부터 4년간 '초이발산' 시에서 사역하던 L 선교사와 P, H, L 선교사가 협력하여 의학도서관, 보건교육과 질병예방 사업, 지역사회 식수개선 사업, 지역사회 풍력발전과 태양열 발전, 가축은행 등의 보건개발 사업을 시행하며 교회 개척과 연계하였다.

23. 부부 모두 2005년 1월부터 2015년 12월까지 대한예수교장로회 통합 측 목사 선교사로 연세친선병원에서 치과의사(이영숙 선교사는 약사)로 사역하며 '베다니마을교회'를 개척하고 섬겼다. 2017년 현재 서울에서 몽골 이주민을 대상으로 '서울베다니마을교회'를 개척, 시무하고 있다.

24. 교육 관련하여 한국인 선교사 예외항목이지만, 몽골 공교육의 상황 변화 이해에 참고한다.

25. 몽골 한인선교사회, 《몽골선교 자료집(2000년 수정판)》, 2000, 울란바타르/ 김봉춘, 《한국 기독교의 몽골선교》(케노시스, 2015), 101쪽.

26. 몽골 한인선교사회, 상게서, 2000.

27. 미국의 홈스쿨 교재로, 학생 스스로 공부하는 시스템을 유지하고 있다.

28. (기독)학교라 함은 행정 명칭이 아니라 기독 세계관을 학교 운영활동에 의지적으로 사용한다는 의미이다.

29. 2018년 9월부터 중·고교를 비오캠퍼스(구 YWAM)로 이전하여 기숙사를 갖춘 학교로

준비 중이다.

30. 매일 아침(20분간) 초교와 중·고교로 나누어, 체조한 후 몽골 전통음악이나 세계 음악을 감상하고, 〈탈무드〉 같은 이야기 등 시기에 맞는 학교 훈화-믿음, 소망, 사랑에 관한-를 듣거나 독서를 한다.

31. 무슬림(터어키 지식인 5인)이 수도에 '엘리트'와 '몬투르크', 제2, 3도시와 몽골 서쪽 바양을기에 각각 사립학교를 세웠고, 이단에 물든 국립학교 교장이 있는가(몽골 복음주의회 결정) 하면, 최근 200억 투그릭(약 1천만 달러) 규모의 학교를 설립하여 20~100퍼센트 장학금을 지급하며, 전 교육부장관이 자문으로 참여하고 있다.

32. 'UBMK학교'는 유치원과 초·중·고 12년제 종합학교로, 한인 선교사 연합으로 세워졌다. 교사 선교사들의 전문교육으로 튼실하게 이루어지고 있으며, 최근 교사 건축을 위한 부지를 확보하고 건축비를 모금하고 있다.

33. 국립과 사립대학에서 특히 역사, 정치 외에 한국어 교육을 하는 선교사들이 10여 명 있다. 이들은 몽골선교 초기부터 20여 년간 활동한 선임으로, 언어에 능함은 물론 교회 개척과 제자양육에 많은 열매를 맺었다 할 수 있다.

34. 울란바타르 대학의 경우, 당시 한국어 전공자가 500여 명에 이르렀고, 3학년을 마치면 80시간 이상을 학교에서 소개하는 교회(기관)나 공공지역에서 통역 실습하여 선교와 지역 봉사에 중요한 자원이 되었다.

35. 전호진, 《선교학》(한국개혁주의신행협회, 1994), p.316.

36. 재몽골 한인선교사회가 주최하고, 한국세계선교협의회(KWMA), 한국 기독교총연합회(KCC), 몽골 복음주의협의회(MEA)가 협찬한 몽골선교 15주년 기념대회 안내지의 자료를 참조하였다.

37. 자료 출처, http://news.kukinews.com

38. 안교성, 〈선교동역의 관점에서 본 몽골선교 15년〉(몽골 한인선교사회, 《몽골 한인선교 15주년 기념 자료집》, 2006, 울란바타르), p.116.

39. "하나님을 경외하는 신앙인, 자랑스런 한국인, 창의력 있는 국제인"을 교육 목표로 1998년 9월 설립된 울란바타르 선교사자녀학교는 2017년 현재 유치원부터 고등학교 과정까지 100명이 넘는 학생들이 공부하고 있다. 자세한 것은 http://cafe.daum.net/UBMKSCHOOL/94V7 을 방문하면 알 수 있다.

40. 이대학·최병효, 상게서, p.7.

41. 〈국민일보〉, 2011. 9. 5.

42. 김주원 외, 《알타이학의 어제와 오늘》(서울대학교출판문화원, 2015), p.15.

43. 주몽 한국대사관, 《2015년 몽골개황》(주몽 한국대사관, 2016, 울란바타르), p.113.

44. 강톨가 외(김장구·이평래 역), 상게서, p.310, p.406 참조.

45. 두그라마, 〈한인 선교사 몽골선교 15주년에 대한 회고와 제안〉(몽골 한인선교사회, 《몽골선교 15주년 기념 자료집》, 2006, 울란바타르시), p.51.

46. 윤순재, 〈교육을 통한 선교의 성과와 도전〉(대한예수교장로회 몽골 현지선교회, 《몽골선교 20주년 기념 백서-초원길을 복음의 길로》, 장로교출판사, 2012), p.266.

47. 강지헌, 〈몽골 의료선교의 현재와 미래〉(대한예수교장로회 현지선교회, 《몽골선교 20주년 기념 백서-초원길을 복음의 길로》, 장로교출판사, 2012), p.294-295.

48. 두그르마, 상게서, p.54-55.

49. 조장섭, 〈2011년 9월 몽골 교회지도자 대상 설문조사 분석 보고〉(대한예수교장로회 몽골 현지선교회, 《몽골선교 20주년 기념 백서-초원길을 복음의 길로》, 장로교출판부, 2012), p. 402-403.

50. http://www.dorgio.mn/p/8141, 자료 검색일: 2017. 11. 27.

51. 글렌몰린, 〈몽골 불교: 과거와 현재〉(《사회주의 이후의 몽골》, 2010, 울란바타르), p.213.

52. 두그르마, 상게서, p.56.

53. 베나 A. 올린스, 〈몽골의 현대단계 독립〉(《사회주의 이후의 몽골인》, 2010, 울란바타르), p.111, 113.

54. C. 바양차강, "몽골 신도협회의 활동과 불교 발전의 끼친 기여", (《사회주의 이후의 몽골》, 2010, 울란바타르), p.123.

Ⅳ. 몽골선교의 과제와 미래 전망

1. 몽골인 지도자들을 대상으로 한 설문 조사는 2016년 4월 14일 동서선교연구개발원 한국본부와 몽골연합의 바람목회자협의회가 공동 주최한 선교 세미나에 참석한 몽골인 지도자 60여 명을 대상으로 진행되었다. 총 40명의 지도자들이 설문에 응답하였고, 사역기간 5년 미만인 10명을 제외한 30명의 설문지를 유효설문지로 처리하였다. 설문지는 한국어와 동일한 내용을 몽골어로 번역하였다. 한인 선교사들을 대상으로 한 설문 조사는 몽골에서 사역하는 한인 선교사 50명을 대상으로 하였고, 2016년 3월 10일부터 24일까지 2주 동안 이메일과 SNS를 통하여 설문지를 배부하고 답변을 받았다. 전체의 50퍼센트가 조금 넘는 26명의 선교사들이 몽골선교 상황에 대해 답변하였다. 사역 연수가 5년이 되지 않은 1명의 선교사의 설문은 2010년 이전 상황을 경험하지 못하였기 때문에 제외하고 25명의 설문을 유효설문지로 처리하였다.

2. 몽골 복음주의연맹, 상게서, p.13.

3. 박기호, 상게서, p.79.

4. 전호진, 《한국 교회선교: 과거의 유산, 미래의 방향》(1993, 성광문화사), p.13.

5. O. 툽싱, "몽골 기독교가 보여준 영향력."
   http://xoxoxo.blog.gogo.mn/read/entry15340, 자료 검색일: 2017. 11. 23

6. 베나 A. 올린스, 상게서, p.113.

7. 몽골 헌법, 상게서, p.13.

8. 2014년 2월 24일 에르덴덜거르가 몽골 통일교의 실상을 폭로하는 "통일교는 종교가 아니라 이단이다"라는 제목의 기자회견 내용에서 발췌하였다.
   http://ikon.mn/n/4m7, 자료 검색일: 2017. 12. 18.

9. 2016년 3월 17일자 〈Olloo〉 기사.

http://www.olloo.mn/n/26315.html, 자료 검색일: 2017. 12. 18.

10. 가나 박사는 몽골 산하 연구센터의 대표로, 연구물을 개인 사이트에 올리고 있다.
    https://ganaa.mn/2008/11/21/ewq/, 자료 검색일: 2017. 11. 25.

11. "몽골 불교도들의 환경 보호 활동"(2009, 울란바타르)
    http://www.arcworld.org, 자료 검색일: 2017. 12. 26.

12. 랄프 윈터, 〈네 사람, 세 시대, 두 전환기: 현대 선교〉(랄프 윈터·스티븐 호돈 공동 편저.
    (정옥배 옮김),《미션 퍼스펙티브스 1》, 예수전도단, 2015), p.558.

13. 2017년 11월 3일 〈gogo〉 기사.
    http://news.gogo.mn/r/217178, 기사 검색일: 2017. 12. 18.

14. 이대학 선교사가 몽골 복음주의교회협의회 대표 바트볼트 목사와 2018년 2월 17일 인
    터뷰한 내용이다.

15. 마태복음 28:18-20.

16. 이대학 선교사가 몽골 복음주의연맹 대표 뭉흐다와 목사와 2018년 3월 1일 인터뷰한
    내용이다.

17. 최윤식·김건주,《2030 기회의 대이동》(김영사, 2014), p.57.

18. 삼당 체뎅담바, 〈몽골의 기독교: 현재와 전망〉(한국종교학회,《종교 연구 71》, 2013),
    p.108-111.

19. 바트볼트, 〈몽골 선교의 카이로스〉(대한예수교장로회 몽골 현지선교회,《몽골선교 20주
    년 기념 백서-초원길을 복음의 길로》, 장로교출판부, 2012), p. 437-438.

20. 이대학 선교사가 몽골 복음주의교회협의회 대표 바트볼트 목사와 2018년 2월 17일 인
    터뷰한 내용이다.

21. 이대학 선교사가 몽골 복음주의연맹 대표 뭉흐다와 목사와 2018년 3월 1일 인터뷰한
    내용이다.

22. 이대학 선교사가 몽골 복음주의연맹 대표 뭉흐다와 목사와 2018년 3월 1일 인터뷰한
    내용이다.

23. 프렙도르찌, 〈몽골 기독교〉(《사회주의 이후의 몽골인》, 2010, 울란바타르), p.151.

참고자료

강지헌, 〈몽골 의료선교의 현재와 미래〉, 대한예수교장로회현지선교회, 《몽골선교
        20주년 기념 백서-초원길을 복음의 길로》, 장로교출판사, 2012.

김봉춘, 〈몽골의 신학교육 상황과 전망〉, 대한예수교장로회 몽골 현지선교회, 《몽
        골선교 20주년 기념 백서-초원길을 복음의 길로》, 장로교출판사, 2012.

김주원 외, 《알타이학의 어제와 오늘》, 서울대학교출판문화원, 2015.

김호동, 《동방 기독교와 동서 문명》, 까치, 2002.

금희연, 〈몽골의 체제 전환과 민주화 과정에 관한 연구-역대 총선과 대선을 중심
        으로〉, 《통일전략》, 2009.

마민호, 《선교지 리서치 세미나 자료집》, 한국세계선교협의회 훈련분과위원회,
        2016.

박기호, 《한국 교회 선교운동사》, 아시아선교연구소, 1999, LA, 미국.

안교성, 〈선교동역의 관점에서 본 몽골선교 15년〉, 몽골 한인선교사회, 몽골 한인
        선교 15주년 기념 자료집, 2006, 울란바타르.

이대학, 〈몽골선교 20주년 성과와 미래의 도전〉, 대한예수교장로회 몽골 현지선
        교회 편, 《몽골선교 20주년 기념 백서-초원길을 복음의 길로》, 장로교
        출판사, 2012.

        "몽골선교에 대한 평가"(몽골 한인선교사회, 〈몽골 한인선교 15주년 기념 자
        료집〉, 2006, 울란바타르.

이대학·전용덕, 〈몽골선교에서 선교몽골로 향하기 위한 비전〉, 대한예수교장로회

몽골 현지선교회,《몽골선교 20주년 기념 백서-초원길을 복음의 길로》, 장로교출판사, 2012.

윤순재,〈교육을 통한 선교의 성과와 도전〉, 대한예수교장로회 몽골 현지선교회, 《몽골선교 20주년 기념 백서-초원길을 복음의 길로》, 장로교출판사, 2012,

이용규,〈몽골선교역사〉, 몽골 한인선교사회, 《몽골 한인선교 15주년 기념 자료집》, 2006, 울란바타르.

전호진,《선교학》, 한국개혁신주신행협회, 1994.

《한국 교회 선교: 과거의 유산, 미래의 방향》, 성광문화사. 1993.

정영동,〈보르항이 주신 땅〉, 대한예수교장로회 몽골 현지선교회,《선교 현장이야기 몽골》, 장로교출판사, 2012.

조장섭,〈2011년 9월 몽골 교회 지도자 대상 설문조사 분석 보고〉, 대한예수교장로회 몽골 현지선교회,《몽골선교 20주년 기념 백서-초원길을 복음의 길로》, 장로교출판사, 2012.

최윤식·김건주,《2030 기회의 대이동》, 김영사, 2014.

가담체렝. 바야르자르갈,〈몽골인들의 기독교 신앙과 성경 몽골어 번역의 역사적 개요〉, 신학잡지, 몽골연합신학교, 2016, 울란바타르.

강톨가 외(김장구·이평래 역),《몽골의 역사》, 동북아역사재단, 2010.

글렌몰린,〈몽골불교: 과거와 현재〉,《사회주의 이후의 몽골》, 2010, 울란바타르.

다와수롱,〈1990년 이후 몽골의 변화〉, 대한예수교장로회 몽골 현지선교회,《몽골선교 20주년 기념 백서-초원길을 복음의 길로》, 장로교출판사, 2012.

두그라마,〈한인 선교사 몽골선교 15주년에 대한 회고와 제안〉, 몽골 한인선교사회,《몽골선교 15주년 기념 자료집》, 2006, 울란바타르.

랴자노프스키(서병국 역),《몽골의 관습과 법》, 혜안, 1994.

랄프윈터,〈네 사람, 세 시대, 두 전환기: 현대선교〉, 랄프 윈터·스티븐 호돈 공동 편저, 정옥배 옮김,《미션 퍼스펙티브스 1》, 예수전도단, 2015.

르네 그루쎄, 김호동 역,《유라시아 유목제국사》, 사계절, 1998.

마르꾸 제링, 이상룡 역,《티베트 불교권 선교》, 도서출판 NCD, 2003.

바양차강, "몽골 신도협회의 활동과 불교 발전의 끼친 기여",《사회주의 이후의 몽골》, 2010, 울란바타르.

바트볼트,〈몽골선교의 카이로스〉, 대한예수교장로회 몽골 현지선교회,《몽골선교

20주년 기념 백서-초원길을 복음의 길로》, 장로교출판부, 2012.

바트출룡, "몽골비사와 성경", 2010, 울란바타르.

발터 하이시히, 이평래 역,《몽골의 종교》, 소나무, 2003.

베나 A. 올린스,〈몽골의 현대단계 독립〉,《사회주의 이후의 몽골인》, 2010, 울란
바타르.

베이갈마,〈수도 종교활동기관 수〉,《시표준 2012년 12월 안내서》, 2012. 울란바
타르.

볼러르마,〈중앙아시아 기독교 역사 요약〉, 레가시 연구소, 2016, 울란바타르.

삼당 체뎅담바,〈몽골의 기독교: 현재와 전망〉, 한국종교학회,《종교 연구 71》,
2013.

웨 샥다르·베 바트새흥,《몽골의 교육역사 1》, 2009, 울란바타르.

자르갈 알타이 바타르,〈몽골에서 살고 있는 외국인들의 종교 현황〉, 대구 가톨릭
대학교 다문화연구소,《다문화와 인간 5(1)》, 2016.

장진웨이, 남은숙 역,《흉노제국 이야기》, 마이월드, 2010.

테 남질, 이안나 역,《몽골의 가정예절과 전통》, 민속원. 2007.

프렙 도르찌,〈몽골 기독교〉,《사회주의 이후의 몽골인》, 2010, 울란바타르.

플라노 카르피니·윌리엄 루브룩, 김호동 역주,《몽골제국 기행-마르코 폴로의 선
구자들》, 까치글방, 2015.

몽골 한인선교사회,《몽골 한인선교 15주년 기념 자료집》, 2006, 울란바타르.

몽골통계청,《몽골연감 2015》, 2016, 울란바타르.

《2011 몽골통계연감》, 2012, 울란바타르.

《2013 몽골통계연감》, 2012, 울란바타르.

《2010 인구 통계조사 결과보고서》, 2011, 울란바타르.

몽골헌법위원회,《몽골헌법》, 2015, 울란바타르.

몽골 월간지〈ASSA〉통권 21호, 2017, 울란바타르.

몽골복음주의연맹,〈몽골기독교회와 단체 연구조사 결과-2015년 몽골 전국적 상
황〉, 2015, 울란바타르.

몽골복음주의연맹,〈20주년 주요 사건들〉(몽골 교회 20주년 자료),〈어러칠럴트〉신
문, 2011. 9.

주몽 한국대사관,《몽골개황 2015》, 2016, 울란바타르.

의료선교학회,〈12장 의료선교와 학원사역〉, 의료선교학회, 연세대학교출판부.

한국세계선교협의회(KWMA), 〈2016년 12월 한국 선교사 파송 현황〉, 2017.

몽골통계청, www.1212.mn,
세계투명성기구 www.transparency.org,
몽골 연합신학교, http://ubtc.edu.mn,
몽골신학연장교육학교, http://teemongolia.mn/mn/
몽골월드비전, http://worldvisionmongolia.cross.mn,
몽골JCS, http://www.jcsintl.org/
몽골 노르웨이 루터란 미션, http://www.nlm.mn,
몽골 CCC, http://www.mongoliaccc.org/aboutus/history/
몽골 성경번역위원회, http://www.mubs.mn/ab2013/

국가별 선교전략 연구 시리즈 1

복음은 초원과 사막을 넘어: 몽골선교 2018

Series of National Mission Strategy Study 1
The Gospel Goes Beyond the Steppe and Desert: Mongolian Mission 2018

지은이 이대학, 이소리, 최원규, 한영훈
펴낸곳 주식회사 홍성사
펴낸이 정애주
국효숙 김기민 김서현 김의연 김준표 김진원 박세정 송승호 오민택
오형탁 윤진숙 임승철 임진아 임영주 정성혜 차길환 최선경 허은

2018. 9. 21. 초판 1쇄 인쇄   2018. 10. 5. 초판 1쇄 발행
등록번호 제1-499호 1977. 8. 1.
주소 (04084) 서울시 마포구 양화진4길 3   전화 02) 333-5161   팩스 02) 333-5165
홈페이지 hongsungsa.com   이메일 hsbooks@hsbooks.com   페이스북 facebook.com/hongsungsa
양화진책방 02) 333-5163

ⓒ 동서선교연구개발원, 2018

· 잘못된 책은 바꿔 드립니다. · 책값은 뒤표지에 있습니다.
· 이 도서의 국립중앙도서관 출판예정도서목록(CIP)은 서지정보유통지원시스템 홈페이지(http://seoji.nl.go.kr)와
국가자료공동목록시스템(http://www.nl.go.kr/kolisnet)에서 이용하실 수 있습니다.(CIP제어번호: CIP2018030041)

ISBN 978-89-365-1311-5 (94230)
ISBN 978-89-365-0554-7 (세트)

출판과 업데이트사이트(www.mlabi.net) 제작 후원기관 ───────────

선한목자교회, 선사교회, 선창교회, 기쁨병원, 온누리안과병원, 형치과병원, 호산나치과, 연세나눔클리닉, 원재단

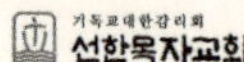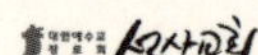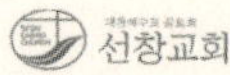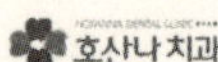
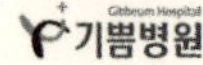